El pequeño libro

DE LA

HISTORIA
UNIVERSAL

Amat Editorial, sello editorial especializado en la publicación de temas que ayudan a que tu vida sea cada día mejor. Con más de 400 títulos en catálogo, ofrece respuestas y soluciones en las temáticas:

- Educación y familia.
- Alimentación y nutrición.
- Salud y bienestar.
- Desarrollo y superación personal.
- Amor y pareja.
- Deporte, fitness y tiempo libre.
- Mente, cuerpo y espíritu.

E-books:

Todos los títulos disponibles en formato digital están en todas las plataformas del mundo de distribución de e-books.

Manténgase informado:

Únase al grupo de personas interesadas en recibir, de forma totalmente gratuita, información periódica, newsletters de nuestras publicaciones y novedades a través del QR:

Dónde seguirnos:

 | @amateditorial

    | **Amat Editorial**

Nuestro servicio de atención al cliente:

Teléfono: **+34 934 109 793**

E-mail: **info@profiteditorial.com**

El pequeño libro

DE LA

HISTORIA

UNIVERSAL

Cristina Méndez

© Cristina Méndez Cuadrado, 2025
© Profit Editorial I., S.L., 2025
   Amat Editorial es un sello de Profit Editorial I., S.L.
   Travessera de Gràcia, 18-20, 6º 2ª; Barcelona-08021

Diseño de cubierta: XicArt
Maquetación: Marc Ancochea

Todas las imágenes son de Dominio público.

ISBN: 978-84-10451-14-8
Depósito legal: B 14959-2025
Primera edición: Septiembre de 2025

Impresión: Gráficas Rey
Impreso en España / *Printed in Spain*

ÍNDICE

Introducción 7

PREHISTORIA 13

EDAD ANTIGUA 33

EDAD MEDIA 63

EDAD MODERNA 95

EDAD CONTEMPORÁNEA 125

Vocabulario 175

Bibliografía 181

INTRODUCCIÓN

¿QUÉ ES LA HISTORIA?

La historia es la ciencia que estudia los hechos del pasado, desde la aparición del primer ser humano hasta nuestros días. No debemos confundir la historia de la humanidad, que es el enfoque de este libro, con el origen del universo y de nuestro planeta Tierra.

¿PARA QUÉ SIRVE LA HISTORIA?

El conocimiento de los hechos del pasado tiene diversas utilidades. Veamos algunas de ellas:

- **Reflexionar sobre la sociedad en el pasado.** La historia nos muestra cómo vivían las personas en épocas anteriores, lo que nos permite contextualizar los hechos, ponernos en el lugar de aquellas personas y comprender por qué los acontecimientos ocurrieron de una determinada manera.

- **Comprender nuestra actualidad.** La historia nos explica por qué las cosas son como son en la actualidad. Así pues, nos ayuda a entender situaciones particulares del presente.

- **Ver patrones y tendencias:** analizar eventos históricos y corroborar que en muchos casos se repiten ciertos patrones y tendencias nos puede permitir anticipar posibles escenarios futuros y aprender de los errores y aciertos del pasado.

- **Fomentar el pensamiento crítico.** El estudio de la historia requiere analizar de manera objetiva, evaluar evidencias, identificar sesgos y sintetizar información para formarnos una opinión. Estas habilidades de pensamiento crítico son fundamentales para entender el presente.

- **Desarrollar habilidades fundamentales.** El estudio de la historia implica habilidades como la investigación, el pensamiento crítico y la comunicación, que son valiosas en prácticamente cualquier campo.

LAS ETAPAS DE LA HISTORIA

Se tiene constancia de que las primeras cronologías se crearon durante la Antigüedad Clásica. No obstante, la más aceptada actualmente es la que seguiremos en este libro. Esta periodización fue propuesta por el historiador Cristóbal Cellarius en el siglo XVII, quien dividió el devenir histórico en tres grandes etapas: la Edad Antigua, la Edad Media y la Edad Moderna, basándose en la evolución política y cultural de la civilización occidental hasta ese momento, con un marcado énfasis en Europa.

A partir de la periodización de Cellarius, actualmente los hechos históricos se organizan en: Prehistoria, Edad Antigua, Edad Media, Edad Moderna y Edad Contemporánea. Sin embargo, esta periodización ha sido muy criticada por su enfoque eurocéntrico y lineal de la historia, ya que no propone un enfoque más global que abarque el desarrollo de todos los territorios del mundo y que considere puntos de vista más allá de los acontecimientos políticos.

En este libro seguiremos esta periodización, puesto que actualmente es la más aceptada por los historiadores. Por lo tanto, podemos dividir la historia en las siguientes etapas:

- **Prehistoria:** Comienza con la aparición del ser humano hace aproximadamente 3 millones de años y finaliza con el uso generalizado de la escritura alrededor del 3000 a. C. Es el periodo en el que el ser humano, desde su aparición, inicia el proceso de sedentarización, lo que da lugar a las primeras sociedades complejas.

- **Edad Antigua:** La invención y uso de la escritura es uno de los hechos más importantes en la historia de la humanidad; marca el inicio de esta etapa alrededor del 3000 a. C., que acaba en el año 476 d. C., con la caída del Imperio Romano de Occidente.

- **Edad Media:** Después de la caída del Imperio Romano de Occidente en el 476 d. C., comienza la Edad Media, que perdura hasta 1492, con el descubrimiento de América. Sin embargo, algunos historiadores sitúan el fin de la Edad Media en 1453, con la toma de Constantinopla por parte de los turcos otomanos.

- **Edad Moderna:** Comienza en el siglo xv y finaliza en 1789 con el inicio de la Revolución francesa. Durante este periodo se producen avances científicos, el surgimiento del Renacimiento, la Reforma protestante y los grandes descubrimientos geográficos.

- **Edad Contemporánea:** Engloba el periodo que transcurre desde el siglo xviii hasta nuestros días. Es la última etapa de la historia y comienza con grandes revoluciones, como la americana y la francesa, que inician un gran cambio en las estructuras sociopolíticas y económicas de una gran parte del mundo.

Estas etapas se representan en la LÍNEA DEL TIEMPO de la página siguiente, que recorreremos a lo largo de este libro.

Respecto a la cronología utilizada, debemos tener en cuenta que la historia es una ciencia viva y, en ocasiones, especialmente en lo que se refiere a la Prehistoria, se producen nuevos hallazgos que obligan a reescribir parte de lo que se había descubierto hasta el momento.

LAS EDADES DE LA HISTORIA EUROPEA

PALEOLÍTICO

Desde 2.500.000 a. C.: Aparición de los homínidos

NEOLÍTICO

Desde 10.000 a. C.: Invención de la agricultura y la ganadería

EDAD DE LOS METALES

Desde 5.000 a. C.: Invención de la metalurgia

JESUCRISTO

EDAD ANTIGUA

HISTORIA

Desde 3.500 a. C.: Invención de la escritura

EDAD MEDIA

Desde 476 d. C.: Caída del Imperio Romano

EDAD MODERNA

Desde 1492 d. C.: Descubrimiento de América

EDAD CONTEMPORÁNEA

ACTUALIDAD

Desde 1789 d. C.: Revolución Francesa

Además, las nuevas tecnologías están ayudando a revisar y a datar de nuevo algunos hechos para alinearlos con la cronología actual. Por lo tanto, esta línea del tiempo ha sido elaborada según las fuentes más actualizadas hasta el momento en el que estoy escribiendo este libro. Mañana puede producirse un nuevo descubrimiento que cambie la narración existente.

Por otro lado, debemos tener en cuenta las especificidades de cada región del mundo. Así, siguiendo la cronología más aceptada desde un punto de vista eurocéntrico, explicaré otras partes del mundo que «colocaré» en esta cronología para poder relacionar todos los hechos, pero teniendo en cuenta que estos lugares poseen su cronología propia.

RESPECTO A LOS QR

1. Cuando las obras referenciadas están situadas en un espacio exterior, los códigos QR nos llevan a su situación en Google Maps o Google Earth, proporcionando no solo su ubicación, sino también varias imágenes del lugar.

2. Cuando las obras referenciadas están expuestas en un museo, los códigos QR vinculan siempre la obra con la página oficial de dicho museo. Sin embargo, como es posible que con los años los museos actualicen sus páginas web y, por lo tanto, los enlaces dejen de ser útiles, hemos añadido un QR al final del libro que vincula con una página en la que se pueden ver todas las imágenes de estas obras.

Prehistoria

Prehistòria

L a Prehistoria es el periodo de la historia que se inicia con la aparición del primer ser humano, hace 2,5 millones de años, y acaba hacia el año 3000 a. C. con el uso generalizado de la escritura. Este periodo se divide en tres etapas: Paleolítico, Neolítico y Edad de los Metales.

PALEOLÍTICO (2.500.000-10.000 A. C.)

El Paleolítico, la primera etapa de la historia, comenzó hace aproximadamente 2,5 millones de años y perduró hasta unos 10.000 años. Este periodo, a su vez, se divide en Paleolítico inferior, medio y superior. La nomenclatura se basa principalmente en la evolución de las herramientas de piedra y las características culturales de los grupos humanos en cada periodo, como veremos a continuación. Como se mencionó previamente, el Paleolítico inferior comienza con la aparición del primer ser humano. Entonces, ¿a partir de cuándo podemos hablar de seres humanos? En realidad, no existe un momento único, sino que se trata de un proceso gradual en el que se van produciendo cambios evolutivos tanto a nivel físico como mental. A estos cambios se les ha denominado *proceso de hominización.*

En este contexto, debemos conocer las cualidades que nos hacen ser considerados humanos: el bipedismo, el uso de tecnología, los hábitos alimentarios, el lenguaje articulado o el habla, y el aumento de la inteligencia. De hecho, se ha estimado que caminar erguidos fue la causa principal de los posteriores cambios que ocurrieron a lo largo de miles de años. Según las investigaciones de las últimas décadas, todo apunta a que las transformaciones ambientales del este de África (donde se originó nuestra especie) provocaron un cambio en el paisaje al que los humanos tuvieron que adaptarse, dejando atrás la selva. Los individuos con un sistema de locomoción bípedo sobrevivieron mejor en el nuevo medio, lo que daría lugar a esta nueva especie.

Hoy en día es ampliamente aceptado por la comunidad científica que el origen del hombre se encuentra en el género *Australopithecus,* que evolucionó al género *Homo.*

A diferencia de lo que se creía hace mucho tiempo, los estudios de las últimas décadas demuestran que la evolución del ser humano no es lineal. Existen muchas teorías sobre cuál fue este proceso evolutivo. Actualmente, el más aceptado por la comunidad científica es el siguiente:

ÁRBOL FILOGENÉTICO

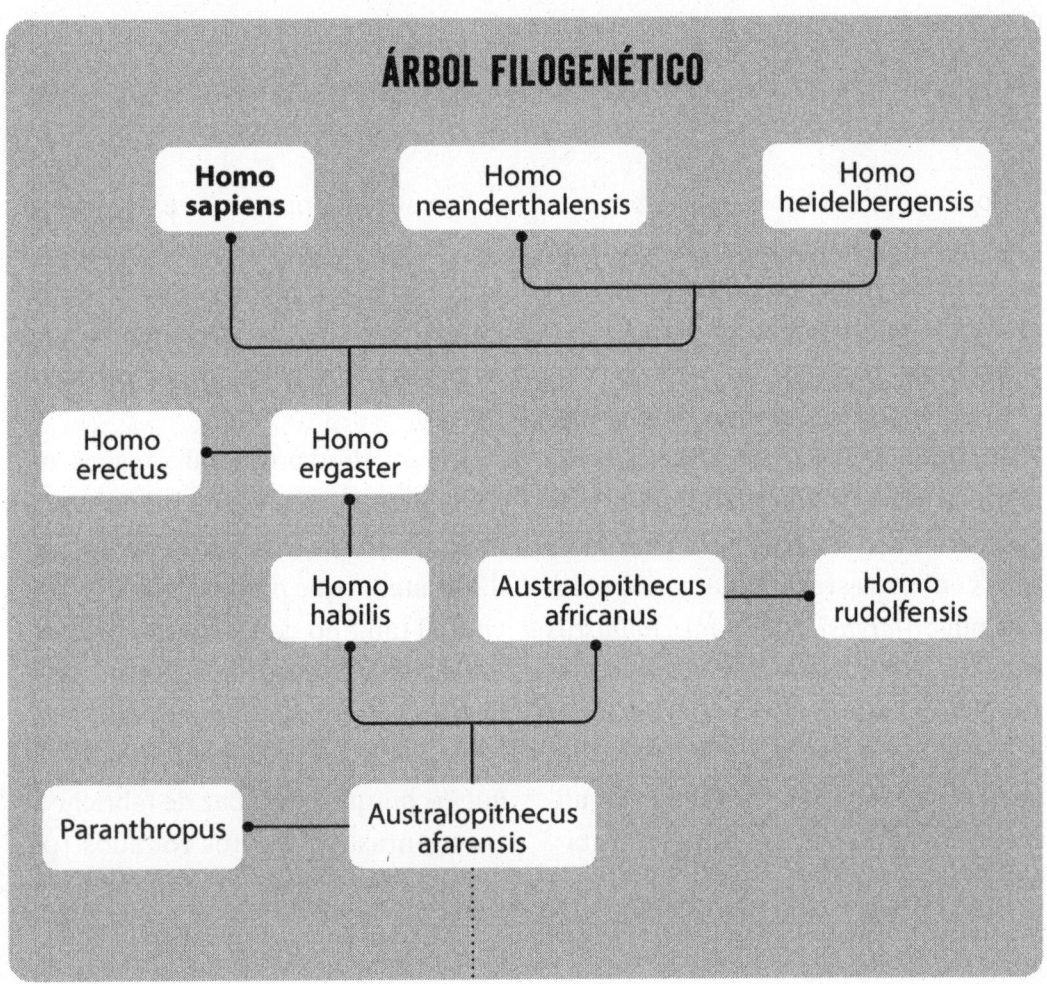

Reconstrucción de *Australopithecus afarensis* (Lucy) en el Museo Nacional de Antropología de Ciudad de México.

Como puedes observar, existen muchos homínidos que están relacionados con nuestra evolución de manera directa o indirecta. Veamos las características de cada uno.

El género *Homo* fue precedido por los australopitecos (*Australophitecus*), que aparecieron hace unos 5,5 millones de años en África oriental y sur. Dentro de este género destacan cuatro especies distintas: *Afarensis, Africanus, Robustus* y *Boisei,* cada una con características específicas. Tenían una vida arborícola, es decir, dormían en los árboles para protegerse de los depredadores. Su alimentación era a base de semillas, frutas, raíces, tubérculos y cortezas, ya que todavía no habían aprendido las distintas técnicas de la caza.

Los australopitecos se extinguieron hace un millón de años y dieron paso al *Homo habilis,* que vivió entre 2,3 y 1,5 millones de años (en adelante: m. a.) en África oriental y sur, en un hábitat de sabana.

Su esqueleto presentaba rasgos anatómicos más modernos que el de los australopitecos. Asimismo, su dieta era diferente, lo que provocó que disminuyera el tamaño de las piezas dentales. Por lo tanto, la mandíbula era menos robusta y la cara menos prognata.

Este homínido recibe el nombre de *habilis* porque era capaz de fabricar herramientas con cantos rodados (piedras de río). Estas herramientas eran simples, pues se trataba de guijarros de cuarzo o sílex golpeados para obtener un filo cortante, ya fuera por una cara (*chopper*) o por las dos (*chopping tool*). Estos utensilios se usaban para deshuesar animales grandes o pequeños, lo que sugiere que incluían carne en su dieta, aunque no eran cazadores, sino más bien carroñeros. También utilizaban estas herramientas para la construcción de estructuras rudimentarias para habitarlas. El *Homo habilis* evolucionó a *Homo ergaster*, que vivió hace 1,8 y 1,2 m.a. en África, y fue el primero en salir del continente. Físicamente, sus cejas eran prominentes y la nariz sobresalía del perfil facial. Los molares se habían reducido. Intelectualmente, tenían una mayor capacidad cognitiva. Se cree que podían utilizar un lenguaje articulado, ya que su desarrollo cognitivo y la morfología de las vértebras posibilitarían el habla. Por este motivo, se deduce que podrían haber iniciado el establecimiento de relaciones sociales complejas.

Los *Homo ergaster* podían vivir en la sabana o en los bosques. En su caso se ha podido constatar que tenían una alimentación omnívora, pues comían carne procedente de la caza, así como frutas, plantas y raíces.

Es destacable que fueron los primeros homínidos que abandonaron África, posiblemente por dos razones. Por un lado, podrían estar buscando la carne de grandes mamíferos que habitaban Asia y Europa, y, por otro lado, pudieron encontrarse inmersos en una migración masiva de diferentes tipos de animales, entre los que se hallarían ellos mismos.

Con el paso del tiempo, los *Homo ergaster* llegaron al continente euroasiático, y se denominaron *Homos erectus*, que vivieron entre 1,8 m.a. y 600.000 años atrás. La forma del cráneo era más alargada y presentaban cresta sagital, es decir, una protuberancia ósea a lo largo de la línea que divide el cráneo. Además, no tenían frente y su cuerpo era más robusto que el de los humanos modernos.

Un elemento clave en la evolución humana fue el dominio del fuego. Fue el *Homo erectus* el primer homínido que hizo uso de este gran avance para actividades como cocinar, calentarse, iluminarse durante la noche o ahuyentar a los depredadores. Además, la cocción de la carne facilitó su digestión y contribuyó a una disminución en el tamaño de los dientes.

En cuanto a su dieta, estos individuos consumían más carne que sus antecesores, y complementaban la dieta con algunos vegetales como frutas y hojas.

Después de miles de años, el *Homo erectus* evolucionó a *Homo heidelbergensis*, que vivió entre hace 600.000 y 300.000 años en África, Europa y, posiblemente, Asia.

Esta especie fabricaba herramientas como bifaces o hachas de mano,

hendedores y picos siguiendo métodos estandarizados. Para hacerlo, seleccionaban cuidadosamente las materias primas, diseñaban las tipologías y realizaban procesos abstractos como la simetría. Además, lograron controlar el uso del fuego, lo que supuso un gran avance en su adaptación a diversos entornos. Gracias a este progreso tecnológico, mejoraron la caza y el procesamiento, así como la adaptación a diferentes entornos.

Con la llegada del *Homo neanderthalensis* a Europa y Asia, comenzó el Paleolítico medio (300.000-40.000 a. C.). Los neandertales tenían cejas prominentes, dientes y ojos grandes, y un cráneo alargado. Se caracterizaban por una complexión robusta y musculosa que se adaptaba a los climas fríos en los que vivieron.

La tecnología de estos individuos era más avanzada que la de los homínidos anteriores. Consistía en herramientas líticas complejas talladas con la técnica *Levallois*, que les permitía obtener lascas y puntas de piedra de gran precisión. Además, fabricaban una gran variedad de instrumentos para diferentes tareas como raspadores, cuchillas y puntas. Asimismo, producían herramientas de otros materiales como el hueso.

En cuanto a la alimentación, se ha podido comprobar que era ya bastante variada. Comían frutos, tubérculos, raíces e incluso miel, además de carne y recursos marinos como peces y marisco en los hábitats que así lo permitían. Además, practicaban la caza y, dependiendo de la zona, consumían piezas más grandes o pequeñas, como tortugas, aves y conejos.

Cabe destacar que el *Homo neanderthalensis* se expresaba artísticamente mediante pinturas y esculturas, lo que demuestra que fue un homínido con una capacidad cognitiva importante.

En relación a la extinción de los neandertales como especie, es un tema que ha generado un gran debate entre los investigadores y que aún hoy sigue candente. Según las últimas investigaciones, el hombre de Neandertal no se habría extinguido, sino que se habría fusionado con el *Homo sapiens*, pues existen evidencias de que se cruzaron genéticamente. De hecho, los humanos actuales tenemos entre un 1,5% y un 2,1% del material genético de origen neandertal.

Con el fin de los neandertales llegamos al Paleolítico superior (entre el 40.000 y el 8.000 a. C.) y es protagonizado por el *Homo sapiens*, el ser humano actual.

Cabe aclarar que el *Homo sapiens* apareció hace 200.000 años en África y que algunos arqueólogos y prehistoriadores han denominado a estos individuos más antiguos ubicados en África *Homo rhodesiensis*. Dada la similitud en la mayoría de los aspectos con el *Homo heidelbergensis,* los investigadores no se ponen de acuerdo sobre si son dos especies diferentes o bien son la misma especie, pero ubicada en diferentes continentes (África y Europa). Es posible que, con nuevas investigaciones, en las próximas décadas podamos arrojar luz a esta incógnita.

El *Homo sapiens* tenía la frente alta y vertical, con cejas menos prominentes y una mandíbula más corta, con dientes más pequeños en comparación con las especies anteriores.

En el Paleolítico superior, el *Homo sapiens* ya poseía gran destreza para la fabricación y uso de herramientas complejas, lo que facilitó la adaptación a las diversas condiciones del medio. Estaban fabricadas a partir de piedra (sílex), huesos de animales y otros materiales. Estas herramientas, como puntas de flecha y de lanza, eran fundamentales para la caza y la supervivencia de estos grupos humanos.

En cuanto a la alimentación, se ha constatado que la dieta era variada, lo que habría facilitado también su adaptación al medio. Se alimentaban con distintos tipos de plantas como raíces, tubérculos, semillas, nueces, cebada silvestre molida, legumbres y flores. También comían animales como el jabalí, el ciervo, el mamut y el elefante, a los cuales cazaban. De la misma manera que los neandertales, en las zonas de costa aprovechaban recursos como pescados y mariscos. Incluso consumían insectos como gusanos, larvas de abejas, orugas de palmeras, saltamontes, y los productos que elaboraban algunos de estos insectos, como miel y panales.

Desde el punto de vista social, constituían grupos de menos de 50 individuos. Asimismo, continuaron ubicando sus asentamientos en cuevas y en estructuras al aire libre (cabañas). En cuanto a las cuevas, cabe destacar la delimitación que hacían de los diferentes espacios según su función.

Es significativo el desarrollo del lenguaje complejo entre los *Homo sapiens*, ya que les permitió un intercambio de ideas mucho más eficaz que facilitó la transmisión de estas. Un aspecto destacado de este progreso fue la capacidad de crear y utilizar sonidos con significados abstractos, lo que enriqueció enormemente sus interacciones y la preservación del saber colectivo.

Además, el *Homo sapiens* mostraba un alto grado de autoconciencia. Tenía capacidad de reflexionar sobre su existencia y su entorno, que lo llevó a la creación de una rica diversidad cultural, manifestada en el arte, en los rituales funerarios y en la elaboración de objetos decorativos que trascendían su función práctica. En relación con el mundo funerario, existía un ritual que consistía en realizar inhumaciones simples en posición fetal o extendida de los cuerpos, y cubiertos con ocre rojo. Además, se desarrolló el arte rupestre, con pinturas y dibujos en cuevas que representaban escenas de caza, rituales y la vida cotidiana de estos grupos humanos.

El *Homo sapiens* fue la especie que se expandió por todo el mundo. Desde África migró y llegó a Europa, Asia, Oceanía y América, donde a lo largo del tiempo se adaptó a una amplia variedad de hábitats. Su llegada a América se produjo por el estrecho de Bering, en un momento más frío que el actual, un brazo de tierra que unía la Siberia Oriental y Alaska y que hoy está sumergido bajo un poco profundo mar de Bering.

CUADRO SOBRE LOS DIFERENTES HOMÍNIDOS Y CARACTERÍSTICAS

Especie	Cronología (m.a.)	Ubicación	Características físicas	Herramientas	Avances importantes
Australopithecus	5,5-1 Paleolítico inferior	África oriental y meridional	1,30 m, 35 kg Cerebro pequeño (aprox. 400 cm³), bipedismo incipiente.	No se han encontrado herramientas.	Primeros homínidos bípedos.
Homo habilis	2,3-1,5 Paleolítico inferior	África oriental y meridional	1,35 m, 50 kg Aumento de la capacidad craneal (aprox. 700 cm³).	Primeras herramientas de piedra.	Fabricación de herramientas.
Homo ergaster	1,8-1,2 Paleolítico inferior	África	1,70 m, 60 kg Capacidad craneal de 800 cm³.	Desarrollo de herramientas de piedra más avanzadas.	
Homo erectus	1,8-0,6 Paleolítico inferior	África, Asia y Europa	1,70 m, 70 kg Capacidad craneal de 1,000 cm³ con cresta sagital. Robustez corporal, postura erguida.	Bifaces y uso del fuego.	Migración fuera de África.

Especie	Cronología (m.a.)	Ubicación	Características físicas	Herramientas	Avances importantes
Homo heidelbergensis	0,6-0,3 Paleolítico inferior y medio	África, Europa y posiblemente Asia	1,75 m, 95 kg Capacidad craneal de 1.200 cm³. Características modernas.	Herramientas avanzadas de piedra.	Posible ancestro de *Homo neanderthalensis*.
Homo rhodesiensis	0,6-0,16 Paleolítico inferior y medio	África	1,70 m, 70 kg Capacidad craneal de 1.400 cm³.	Herramientas de piedra, madera y hueso.	
Homo neanderthalensis	0,2-0,04 Paleolítico medio	Europa y Asia	1,70 m, 70 kg Capacidad craneal de 1.500 cm³. Robusto.	Herramientas avanzadas de piedra.	Expresión artística.
Homo sapiens	0,2-actualidad Paleolítico superior	Todo el mundo	1,70 m, 70 kg Capacidad craneal de 1.400 cm³.	Herramientas complejas y arte.	Desarrollo del lenguaje, arte y cultura.

EPIPALEOLÍTICO O MESOLÍTICO (10000-8500 A. C.)

Tanto el término *Epipaleolítico* como el término *Mesolítico* se utilizan habitualmente como sinónimos, aunque *Mesolítico* se emplea más para la prehistoria europea y *Epipaleolítico*, para áreas como el Oriente Próximo. Sin embargo, más allá de la denominación, estamos hablando del periodo que transita entre el Paleolítico y el Neolítico.

Durante el Epipaleolítico se produjeron una serie de cambios climáticos y ecológicos que provocaron modificaciones en las condiciones de vida de los seres humanos, las cuales fueron muy diferentes a las existentes hasta ese momento. El origen de estos cambios radica en la necesidad de adaptarse a climas más cálidos y húmedos, y los seres humanos tuvieron que diversificar sus estrategias de subsistencia. Esto comportó la intensificación en la recolección de plantas silvestres, lo que llevó a estos individuos al paso previo a la agricultura y a la domesticación de animales.

En cuanto al hábitat, se han documentado indicios de sedentarismo estacional, y de este modo se inició el proceso de sedentarización posterior.

NEOLÍTICO (8500-4500 A. C.)

El proceso de neolitización supuso un cambio considerable en las formas de vida respecto al Paleolítico. Este proceso comenzó en algunas zonas del mundo alrededor del año 8500 a. C. y se dio de manera muy gradual.

Pero ¿cuáles fueron las causas de este cambio tan importante? Se ha constatado que fue debido a múltiples factores. Uno de los principales fue el cambio climático que se produjo con la llegada del Holoceno, lo que trajo consigo un clima más cálido y estable. Este cambio natural obligó a las comunidades humanas a adaptarse a las nuevas circunstancias, buscando nuevas formas de subsistencia, como la agricultura y la ganadería.

Otro factor importante fue la innovación tecnológica que se estaba produciendo. El paso a una vida sedentaria donde la agricultura y la ganadería adquirieron cada vez más relevancia generó la necesidad de desarrollar nuevas tecnologías adaptadas a la nueva etapa. Fue entonces cuando se desarrollaron la cerámica y el uso de herramientas avanzadas, las cuales facilitaron la vida sedentaria y la especialización laboral.

El proceso de neolitización surgió en el Próximo Oriente, en la zona conocida como el *Creciente Fértil*, y se fue expandiendo hacia otras partes del mundo como resultado de las migraciones.

Tal y como hemos visto, uno de los cambios más importantes respecto a las etapas anteriores fue el descubrimiento de la agricultura y la ganadería. En primer lugar, se domesticaron algunas plantas para controlar la producción y facilitar el acceso a los alimentos. De esta manera, ya no dependían únicamente de los alimentos salvajes recolectados. El procedimiento consistió en seleccionar las semillas más grandes que se reproducían con mayor facilidad. Así, las primeras plantas domesticadas fueron los cereales, como el trigo y la cebada, y las leguminosas, como los guisantes, las lentejas, los garbanzos y las habas.

Por otro lado, también se domesticaron algunos animales con el objetivo de obtener especies más productivas y poder conseguir más fácilmente carne, leche o lana. Además, con la domesticación se buscaba que estos animales fueran más dóciles, es decir, más fáciles de manejar. Las primeras especies domesticadas con fines alimentarios fueron el cerdo, la oveja, la cabra y los bovinos, como la vaca, el toro y el buey. Cabe destacar que el perro fue el primer animal en ser domesticado, aunque su finalidad no era alimentaria.

Este cambio en la vida cotidiana dio lugar a nuevas necesidades tecnológicas. Se produjeron innovaciones como el perfeccionamiento de la técnica de pulido de la piedra, lo que permitió la fabricación de herramientas más precisas y duraderas en comparación con las anteriores. Surgieron herramientas como azadas, arados y hoces, fabricadas con piedra, madera y hueso, que complementaron y mejoraron las labores agrícolas. También se inventó el molino de piedra para moler granos y producir harina, lo que se convirtió en la base de la alimentación.

Además, se desarrollaron la cerámica y la cestería para almacenar, conservar y transportar alimentos y líquidos, y también para su preparación sobre el fuego.

De igual manera, se inventó el horno, que permitió nuevas formas de preparar y conservar los alimentos, lo que diversificó la dieta. El horno también se utilizó para la cocción de la cerámica, de modo que esta sería más resistente (lo que, sin lugar a dudas, supuso una mayor durabilidad de las piezas elaboradas).

Este nuevo estilo de vida provocó la sedentarización del ser humano, lo que dio lugar a la construcción de pequeños poblados, los cuales fueron desarrollándose con el tiempo y dieron respuesta al crecimiento de la población.

EDAD DE LOS METALES (4500 A. C.-800 A. C.)

El último periodo de la Prehistoria es la Edad de los Metales, que se extiende aproximadamente desde el 4500 a. C. hasta el año 800 a. C., aunque las fechas pueden variar según la región.

La Edad de los Metales se divide en tres etapas: la **Edad del Cobre,** la **Edad del Bronce** y la **Edad del Hierro.** Reciben esta nomenclatura en función de los metales predominantemente utilizados en su tecnología, aunque en cada etapa también se producen otros importantes avances.

La **Edad del Cobre**, también conocida como *Calcolítico* (4500 a. C. - 3000 a. C.), se caracteriza por el surgimiento de la metalurgia, especialmente del cobre, y por una serie de transformaciones que requerían avances tecnológicos específicos. Durante este periodo, se produjeron grandes innovaciones en la agricultura, como el uso del arado, que facilitó las labores agrícolas, y de esta manera aumentó la producción de alimentos. Además, en algunas regiones se han documentado técnicas de regadío y la domesticación de la viña y el olivo, lo que permitió aprovechar tierras menos fértiles para los cereales y complementar la producción.

En cuanto a la ganadería, se generalizó el aprovechamiento de los animales domésticos para obtener recursos, como la fuerza de trabajo y la lana. En la metalurgia, aunque aún estaba poco extendida, se trabajaba principalmente con cobre, y ocasionalmente con otros metales de bajo punto de fusión, como el oro y la plata. Cabe destacar que los objetos metálicos que han perdurado hasta la actualidad son escasos debido al reciclaje continuo de estos materiales, y se limitan a elementos de uso no cotidianos, como armas, piezas de adorno u objetos de prestigio.

En relación con el comercio, se produjo un aumento de las redes de intercambio comercial para adquirir materias primas desde las zonas de afloramiento hasta los puntos de demanda.

La necesidad de utilizar la metalurgia y otras tecnologías generó la creación de estructuras sociales complejas. A medida que se producían excedentes, se requerían especialistas dedicados exclusivamente a la metalurgia, la cerámica o la cestería. Estos excedentes comenzaron a ser gestionados por líderes, lo que provocó una mayor diferenciación social.

Todos estos avances se tradujeron en un aumento de la población, que comenzó a asentarse en ciudades más grandes que las del Neolítico. Estos núcleos urbanos se caracterizaban por tener fortificaciones para defenderse de posibles invasores.

Posteriormente, tuvo lugar la **Edad del Bronce** (3000-1800 a. C.). Esta etapa se caracterizó por el uso predominante de un nuevo metal resultante de la aleación del cobre y el estaño: el bronce. El descubrimiento de este nuevo metal mejoró tanto las herramientas como las armas, lo que facilitó la expansión de las civilizaciones y el comercio, además de mejorar la eficiencia agrícola. El aumento de la producción de alimentos permitió un crecimiento poblacional.

Fue en este periodo cuando surgieron las primeras civilizaciones, como Mesopotamia, el Valle del Indo o Egipto. Las jerarquías sociales comenzaron a estructurarse, creando diferentes grupos sociales como gobernantes, nobles y pueblo.

El comercio se intensificó, especialmente en lo que respecta a los metales, y la especialización laboral se hizo más pronunciada.

Culturalmente, la **Edad del Bronce** fue un periodo de gran desarrollo. Hubo avances en el arte, particularmente en relieves y escultura. A nivel arquitectónico, destacan los monumentos megalíticos y las grandes estructuras. También surgieron las primeras formas de escritura en algunas regiones, como la escritura cuneiforme y jeroglífica.

Las ciudades crecieron en tamaño y complejidad como consecuencia del aumento poblacional. Sin embargo, la emergencia de grupos dominantes y la lucha por dominar más territorios llevaron a enfrentamientos entre diferentes poblaciones, a lo que se sumaron importantes migraciones que transformaron las estructuras sociales y económicas.

La **Edad del Hierro** comenzó alrededor del 1200 a. C. en Oriente Próximo, la India y el sudeste de Europa, y se extendió hacia Europa occidental hacia el siglo VII a. C.

Durante esta época, el hierro se popularizó como material para fabricar armas, herramientas y utensilios. La mejora en la dureza del metal y la facilidad para encontrarlo permitió un aumento en la densidad poblacional, pero también de los conflictos.

La difusión del hierro fue desigual, extendiéndose desde Anatolia hacia Europa Central, donde se distingue entre la **Edad del Hierro Temprana**, representada por la cultura de Hallstatt, y la **Edad del Hierro Tardía**, asociada a la cultura La Tène. En algunas regiones de África subsahariana, las culturas pasaron directamente del Neolítico al uso del hierro.

La Edad de los Metales finaliza con la invención y uso generalizado de la escritura entre los siglos VIII y V a. C., marcando el paso de la Prehistoria a la Edad Antigua.

Edad Antigua

Edad Antigua

Esta etapa de la historia se inicia con el uso habitual de la escritura, entendiendo que es un proceso que ocurre en diferentes momentos y lugares del mundo. La cronología generalmente aceptada abarca desde el 3500 a. C. hasta el año 476 d. C., momento de la caída del Imperio romano.

Veamos las principales civilizaciones que se desarrollaron en distintas zonas geográficas.

MESOPOTAMIA

Mesopotamia se encuentra en el Próximo Oriente, concretamente entre los ríos Tigris y Éufrates, y dio lugar a un territorio muy fértil que favoreció el desarrollo de grandes civilizaciones.

La **civilización sumeria** fue una de las primeras y destacó por su organización política en ciudades-Estado. Estas ciudades eran independientes entre sí y tenían un gobierno teocrático, donde

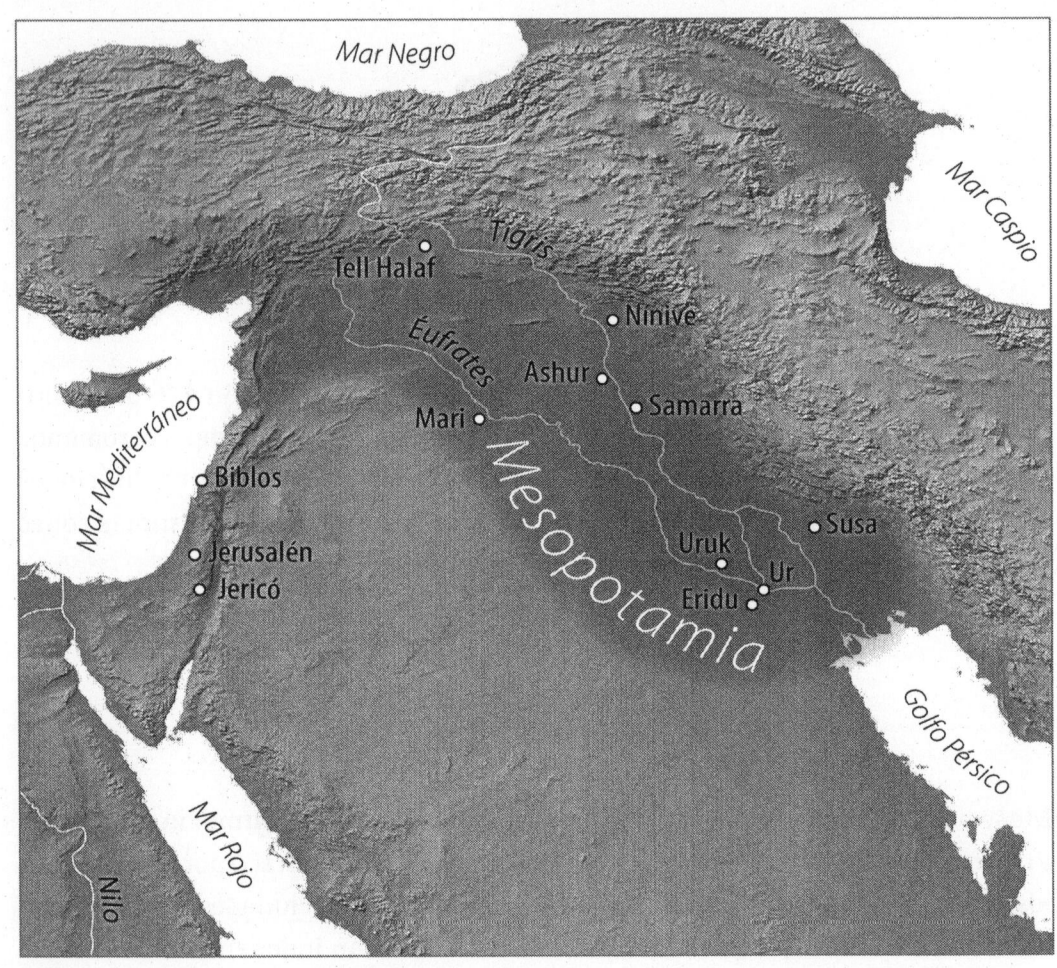

Mapa de la extensión de Mesopotamia.

Tablilla con parte del *Poema de Gilgamesh* (Museo Británico).

el rey ejercía funciones tanto políticas como religiosas. Entre las ciudades más importantes se encuentran Uruk y Ur.

La sociedad sumeria era altamente jerárquica. En la cima se encontraba el rey-sacerdote, seguido por la casta sacerdotal y los nobles. Los trabajadores libres, como médicos, comerciantes y funcionarios, ocupaban un nivel intermedio, mientras que los campesinos constituían la mayoría de la población y se encargaban de la producción agrícola. En el nivel más bajo estaban los esclavos, principalmente prisioneros de guerra.

Los sumerios inventaron la escritura, que surgió de la necesidad de registrar cuestiones administrativas como las transacciones comerciales o el cobro de impuestos, aunque con el tiempo adquirió un uso más literario. El sistema de escritura sumerio es el cuneiforme, llamado así por la forma de cuña de sus caracteres. Esto se debía a que la escritura se realizaba mediante incisiones con un estilete de madera sobre tablillas de barro, formando símbolos con significados específicos. Gracias a la escritura, se establecieron bases legales y la contabilidad, y se desarrolló la literatura escrita, como el POEMA DE GILGAMESH, que narra las aventuras del rey de Uruk.

Otra gran contribución de los sumerios fue la invención de la rueda, aplicada tanto al transporte de personas y mercancías como en la alfarería; en este

Zigurat de Ur.

oficio dio lugar al torno, lo que facilitó la fabricación de objetos cerámicos.

Los sumerios también destacaron por la planificación urbana de sus ciudades, donde sobresalían los zigurats, grandes estructuras monumentales en forma de pirámide escalonada con funciones religiosas. También contribuyeron con sofisticados sistemas de regadío, fundamentales en un entorno muy árido, construyendo canales y embalses para gestionar el agua, e incluso sistemas para drenar el agua y evitar inundaciones.

Además, los sumerios avanzaron en ciencias como las matemáticas y la astronomía, y desarrollaron un sistema numérico sexagesimal (que hoy usamos para medir el tiempo y los ángulos).

También avanzaron en áreas como la geometría y el álgebra, creando tablas de multiplicación y resolviendo problemas matemáticos complejos. En cuanto a la astronomía, fueron pioneros en la observación y el registro de los movimientos planetarios, y desarrollaron un calendario lunar-solar que ayudó a organizar sus actividades agrícolas y religiosas.

La civilización sumeria fue absorbida por el **Imperio acadio**, fundado en el año 2340 a. C. por Sargón, considerado el primer imperio de la historia al unificar diversas ciudades-Estado.

Este imperio promovió la lengua acadia como lengua oficial, desplazando gradualmente al sumerio, que había sido la lengua predominante. Bajo su gobierno, se promovió una cultura rica, con avances en la escritura y la administración. Se consiguió establecer un sistema postal, mejorar el comercio y los sistemas agrícolas, y fomentar el desarrollo de las artes y las ciencias. Tras Sargón, el imperio fue gobernado por una sucesión de líderes notables. El imperio alcanzó su máximo esplendor bajo el rey Naram-Sin, quien fue deificado durante su reinado. Sin embargo, tras su muerte, el imperio comenzó a declinar. Enfrentó presiones externas de pueblos como los gutis y los amorreos, así como rebeliones internas que llevaron a este imperio a su disolución final en 1254 a. C.

Otra civilización que cabe destacar en Mesopotamia fue la **babilónica**, que surgió entre el 2100 a. C. y el 538 a. C. De hecho, existieron dos grandes periodos o imperios: el **Paleobabilónico** y el **Neobabilónico**.

Uno de los legados más importantes del Imperio babilónico fue el *Código de Hammurabi*. Se trata de un conjunto de leyes que regulaban aspectos de la vida social y económica de la época y que ha sido un referente para sistemas jurídicos posteriores. Destaca en este conjunto la Ley del Talión (*ojo por ojo, diente por diente*).

Los babilonios seguían una religión politeísta, dominada por el dios Marduk, quien representaba la justicia, la sabiduría y el poder creador. Esta idea de deidad suprema influyó en las religiones posteriores.

En cuanto a las ciencias y las artes, destacaron en las matemáticas, ya que desarrollaron un sistema numérico sexagesimal y llegaron a realizar cálculos astronómicos avanzados. Además, su literatura abarcó desde textos sapienciales hasta obras filosóficas. En medicina, establecieron conceptos fundamentales de diagnóstico y examen físico.

Incluso después de su caída ante los persas en el año 539 a. C., el legado babilónico perduró. Su influencia se extendió a la filosofía griega y su simbolismo resonó en las religiones abrahámicas.

La **civilización asiria** es de las últimas que nació en Mesopotamia, entre el segundo y primer milenio antes de Cristo. Aunque su historia se divide en tres etapas, no fue hasta la última, el Impero Nuevo, cuando llegó a su apogeo, e incluso logró conquistar Egipto por un breve periodo de tiempo.

Los asirios son particularmente conocidos por su formidable poderío militar. Desarrollaron tácticas de guerra avanzadas y un armamento sofisticado para su época. Su reputación de crueldad en el campo de batalla los precedía, utilizando la brutalidad como método de intimidación contra sus enemigos.

Por otro lado, construyeron una rica cultura y dejaron un importante legado artístico y arquitectónico. Levantaron imponentes palacios y templos, y crearon magníficos relieves y esculturas que narraban sus hazañas militares y aspectos de su vida cotidiana.

De la misma manera que las civilizaciones anteriores, los asirios eran politeístas, y su dios principal era Assur, de quien tomaron su nombre. Su lengua era el acadio, aunque más tarde adoptaron el arameo como lengua franca.

A pesar de su poder, el Imperio asirio finalmente cayó en el año 612 a. C., cuando una coalición de babilonios, medos y escitas conquistó y destruyó su capital, Nínive. No obstante, su influencia perduró en la cultura y el arte de Oriente Medio, y su historia quedó registrada en textos bíblicos y griegos.

IMPERIO HITITA

Los hititas, un pueblo de origen indoeuropeo, se establecieron en la península de Anatolia (actual Turquía) alrededor del 1600 a. C.

Su estructura social estaba basada en la agricultura y en una clase de artesanos especializados en diversas áreas, como carpintería, metalurgia y alfarería. A nivel político, el rey era una figura muy importante, ya que era la autoridad principal y hereditaria, aunque existían órganos colegiados como la asamblea general.

Los hititas son conocidos por sus tratados diplomáticos, como el Tratado de Kadesh con Egipto, y por ser pioneros en la elaboración de herramientas y armas de hierro, mucho más resistentes que las de bronce.

Aunque no se sabe con certeza, posiblemente este imperio colapsó alrededor de 1190 a. C. debido a una combinación de factores, incluyendo invasiones de los Pueblos del Mar, problemas ambientales como sequías (parece que fue una de las razones más importantes) y conflictos internos.

EGIPTO

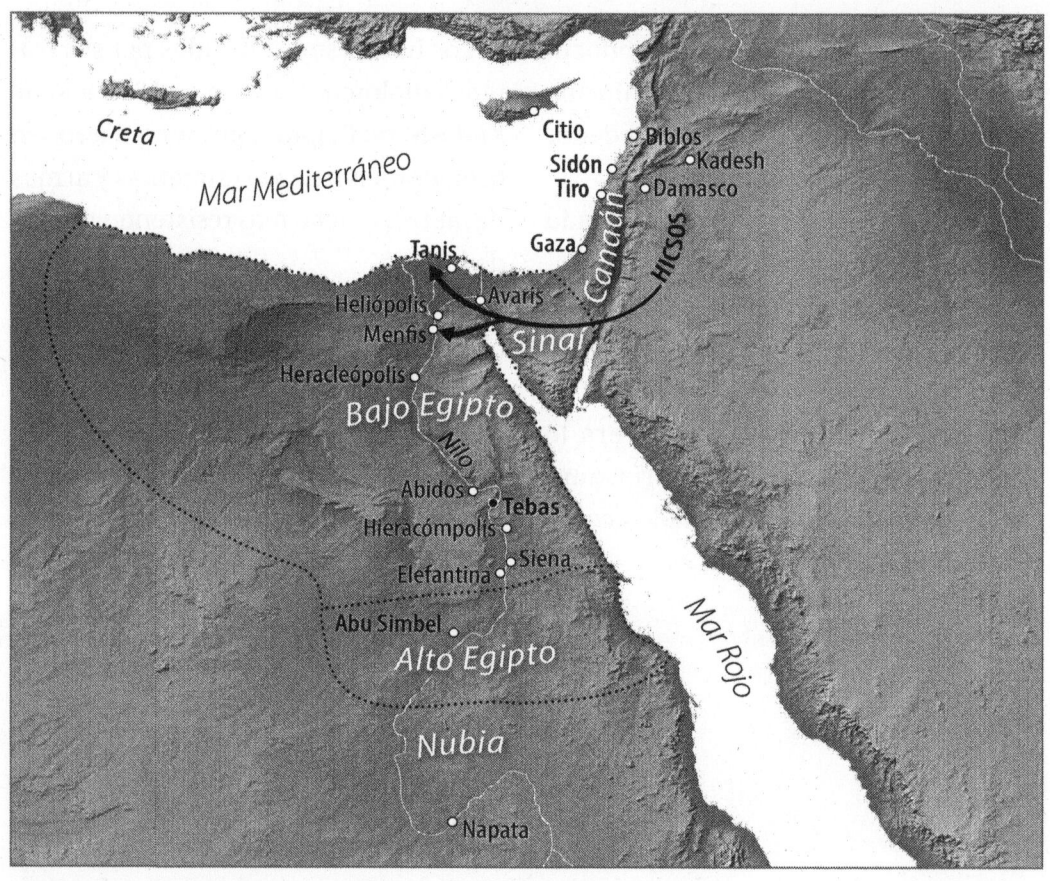

Mapa del Antiguo Egipto (Imperio antiguo y medio).

 Tumba de Tutankamón.

La historia de Egipto es vasta y tiene una periodización propia. Tras la unificación del **Alto Egipto** y el **Bajo Egipto** en la I dinastía, comenzó el **Reino Antiguo** (2686-2125 a. C.), un periodo de esplendor que se reflejó en la construcción de las grandes pirámides. Sin embargo, esta etapa terminó debido al excesivo poder de los gobernadores de provincias, conocidos como *nomarcas*.

Durante el **Reino Medio** (2055-1650 a. C.), el rey de Tebas, Mentuhotep, unificó nuevamente Egipto, lo que trajo estabilidad política y acabó con las luchas por el control territorial y las hambrunas. Este nuevo control político dio pie a la reactivación de la economía, que comportó mejoras en la agricultura, en el comercio y en la construcción de obras públicas.

Tras el segundo periodo intermedio se inició el **Reino Nuevo** (1550-1069 a. C.), momento en el que el faraón logró frenar y expulsar a los hicsos (un pueblo procedente de Asia) que habían invadido el territorio. El inicio de esta nueva dinastía en el Reino Nuevo supuso un periodo de estabilidad política y expansión territorial. Pero se volvió a ver amenazada por la creciente riqueza y poder de los sacerdotes de Amón, lo que llevó a los faraones a intentar debilitar su influencia promoviendo una reforma religiosa entorno al culto al dios Atón. Sin embargo, Tutankamón restauró la antigua religión egipcia.

Durante la XIX dinastía, el faraón Ramsés II aseguró la paz con los hititas, detuvo la invasión de los Pueblos del Mar y protegió a Egipto de futuros ataques.

No obstante, este periodo inicia su declive a causa del creciente poder de los sacerdotes de Amón en detrimento del poder faraónico. También influyeron en esta crisis la división del gobierno entre Tebas y el Bajo Egipto, las invasiones extranjeras y la muerte del último faraón de la dinastía.

Tras el tercer periodo intermedio comenzó el **periodo Tardío** (664-332 a. C.) con la reunificación de Egipto bajo la dinastía XXVI, conocida como la dinastía Saíta. Aunque hubo un resurgimiento cultural y político, Egipto fue conquistado por el Imperio persa en el 525 a. C. y se convirtió en una satrapía. A pesar de algunos intentos de recuperar la independencia, Egipto fue nuevamente sometido por los persas en el 343 a. C., y se llegó al **periodo Helenístico** (332-30 a. C.) cuando el territorio fue conquistado por Alejandro Magno en el 332 a. C. Tras su muerte, Ptolomeo I estableció la dinastía Ptolemaica, que fusionó las culturas griega y egipcia. La ciudad de Alejandría se convirtió en un importante centro cultural y académico.

La dinastía Ptolemaica gobernó hasta la llegada de los romanos en el 30 a. C., cuando Egipto se convirtió en una provincia del Imperio romano tras la derrota de Cleopatra VII y Marco Antonio por Octavio en el 30 a. C. Durante este tiempo, Egipto fue una fuente crucial de cereal para abastecer Roma y experimentó una mezcla de culturas romana y egipcia, aunque mantuvo muchas de sus tradiciones.

La sociedad egipcia se estructuraba como una pirámide, con el faraón en la cúspide, concentrando el poder religioso, civil y militar. Como *Señor de las Dos Tierras*, gobernaba, dictaba leyes y dirigía ceremonias religiosas. Delegaba en figuras de confianza como el *visir*, encargado de supervisar las instituciones y aplicar políticas, y los *nomarcas*, que administraban las provincias, recaudaban impuestos y defendían militarmente.

Los sacerdotes, parte de la clase privilegiada, realizaban ceremonias para contentar a los dioses y gestionaban la economía de los templos. El ejército, también privilegiado, protegía fronteras y rutas comerciales, y desde el Imperio nuevo se enfocó en campañas de expansión. Los escribas, esenciales para la administración, vivían cómodamente tras años de estudio.

No obstante, la mayoría de la población eran campesinos y artesanos. Los campesinos trabajaban la tierra que pertenecía a los privilegiados y debían pagar altos tributos. Los artesanos, como escultores y carpinteros, gozaban de mejor consideración que los obreros comunes, que realizaban trabajos más básicos. Por último, los esclavos, que eran principalmente prisioneros de guerra del Imperio nuevo, tenían condiciones de vida variables, desde trabajos duros en minas hasta servicio en palacios más acomodados.

La economía en el Antiguo Egipto era principalmente agraria, donde el Nilo jugaba un papel importante. La tierra egipcia era extraordinariamente fértil debido a las inundaciones del río, que permitía en ocasiones dos cosechas por año. De entre los cultivos más importantes destacan el trigo, la cebada y el lino. Esta actividad económica principal era complementada con la ganadería, la caza y la pesca. Además, participaban en actividades comerciales, exportando grano, papiro y metales preciosos. Es remarcable el pago en especies, ya que no utilizaban la moneda.

La religión fue un aspecto muy importante para los egipcios, por ello estaba presente en todas las áreas de la vida. Se trataba de una religión politeísta que podía llegar a contar con hasta 1.500 deidades. Estos dioses, representados con forma de animal o humana, o una combinación de ambas, personificaban las fuerzas de la naturaleza y los aspectos de la vida cotidiana. Algunos de los dioses más significativos eran Ra, el dios del sol; Osiris, señor del inframundo; e Isis, diosa de la magia y la maternidad.

Además, la vida después de la muerte tenía una gran importancia. En consecuencia, se desarrollaron complejos rituales de momificación y enterramiento.

Por último, hay que destacar la escritura egipcia como una de las más antiguas de la historia. La civilización egipcia llegó a desarrollar hasta tres tipos de escritura. En primer lugar, la jeroglífica, que combinaba signos pictográficos, ideográficos y fonéticos para representar un objeto, idea o sonido. Para facilitar este sistema, surgió la escritura hierática, que era una forma simplificada y cursiva de los jeroglíficos utilizada principalmente en textos administrativos, religiosos y literarios. Por otro lado, la escritura demótica consistía en otra simplificación y se usaba para redactar documentos cotidianos.

IMPERIO PERSA

El Imperio persa (o aqueménida) fue fundado por Ciro II el Grande en el año 550 a. C. y se expandió por zonas de Asia Central, Mesopotamia, el Levante, Siria, Anatolia y algunas ciudades griegas.

Este imperio destacó por su eficiente sistema administrativo, que incluía la división del territorio en *satrapías* o provincias, cada una gobernada por un *sátrapa*. Esta estructura permitió una administración ordenada y eficaz del vasto imperio. Además, los persas eran conocidos por su tolerancia religiosa y cultural, incorporando elementos de las culturas de los pueblos conquistados.

La religión predominante del Imperio persa era el zoroastrismo, fundado por el profeta Zoroastro, y se basaba en la adoración a un dios supremo.

Culturalmente, el imperio fue un crisol de influencias, adoptando y adaptando tradiciones y prácticas de los diversos pueblos bajo su dominio. La arquitectura y el arte persa reflejan esta mezcla cultural, con obras maestras como los relieves de Persépolis.

GRECIA

Los orígenes de la civilización griega se encuentran en las civilizaciones que habitaron previamente la región del mar Egeo. En primer lugar, la **civilización cretense o minoica** (1700-1500 a. C.) se ubicó en la isla de Creta. Su economía se basaba en la agricultura y la ganadería, y estaba organizada en pequeños poblados. Con el tiempo, surgió la necesidad de gestionar todos los recursos y el excedente, lo que asumieron los príncipes y sus palacios, como es el caso del PALACIO DE CNOSOS. Estos excedentes de producción propiciaron el comercio con otras poblaciones del entorno, como las de las Cícladas.

De la necesidad de organizar los asuntos administrativos del territorio surgió la escritura Lineal A, que aún no se ha descifrado completamente.

Posteriormente, destacó la **civilización micénica** (1580-1150 a. C.), ubicada en la Grecia continental. La población micénica se organizaba en ciudadelas fortificadas que funcionaban como centros administrativos para controlar los aspectos políticos, económicos, religiosos y militares.

Las principales actividades económicas eran la agricultura, así como el comercio marítimo. Gracias al dominio del mar, gestionaron una gran actividad comercial basada en la importación de materias primas como metales, marfil y alabastro, y en la exportación de alimentos como vino o aceite, además de armas de bronce, cerámica y tejidos.

También utilizaron la escritura, en este caso la denominada *Lineal B*, que estaba basada en un 70% en la Lineal A. Era una escritura silábica, es decir, cada símbolo

Palacio de Cnosos.

representaba una sílaba para componer una palabra. Mayoritariamente, se escribía en tablillas de barro y su función era administrativa.

Las últimas investigaciones sobre el final de los micénicos apuntan a que se produjeron una serie de conflictos internos provocados por problemas como las sequías prolongadas, exceso de población, agotamiento del suelo e interrupción del comercio, lo que debilitó a esta civilización. Este hecho fue aprovechado por los dorios para ocupar el territorio paulatinamente. Aunque no se produjeron grandes cambios, los dorios aportaron el uso del hierro y el ritual funerario de la incineración.

Después del colapso de la civilización micénica hacia el 1200 a. C., comenzó una etapa de estancamiento y recesión denominada **Edad Oscura**. Es un momento del que no quedan textos escritos y en el que las construcciones se realizaban a partir de materiales perecederos. Todo ello ha dado lugar a un vacío documental para historiadores y arqueólogos. Además, se ha constatado una reducción de los asentamientos, probablemente debida al descenso demográfico, sumado a la interrupción de las comunicaciones entre los diferentes territorios de la Grecia continental y las islas, lo que evidencia la caída del comercio.

A partir del siglo VIII a. C. se inició la **Etapa Arcaica** (750-500 a. C.), cuando se originaron nuevos sistemas de organización territorial y de población como la *polis*, también denominada *ciudad-Estado*.

Valle de los Templos, Agrigento (Sicilia).

Se trataba de comunidades independientes de personas que vivían en un territorio con unas normas y leyes propias.

A causa de la competitividad entre las *poleis*, a mediados del siglo VII a. C. apareció un nuevo sistema de gobierno encabezado por las familias más poderosas. Es lo que se ha denominado *oligarquía* (gobierno de unos pocos), aunque en contextos en los que se daban desequilibrios políticos o cambios socioeconómicos surgió la tiranía. Se trata de un sistema político que consistía en la toma de poder a la fuerza por parte de una persona, siempre durante periodos cortos de tiempo y que daban lugar a gobiernos oligárquicos o democráticos.

Durante la etapa arcaica también se produjo el proceso de colonización de

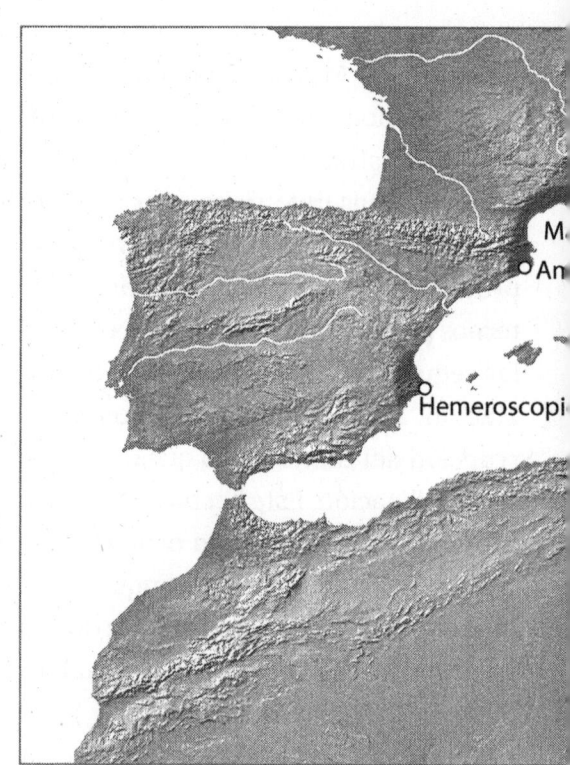

otros territorios debido a varias causas. Por un lado, la falta de recursos (como tierras para cultivar o materias primas) llevó a una parte de la población a un gran endeudamiento que tendría como consecuencia la esclavitud. Esto impulsó

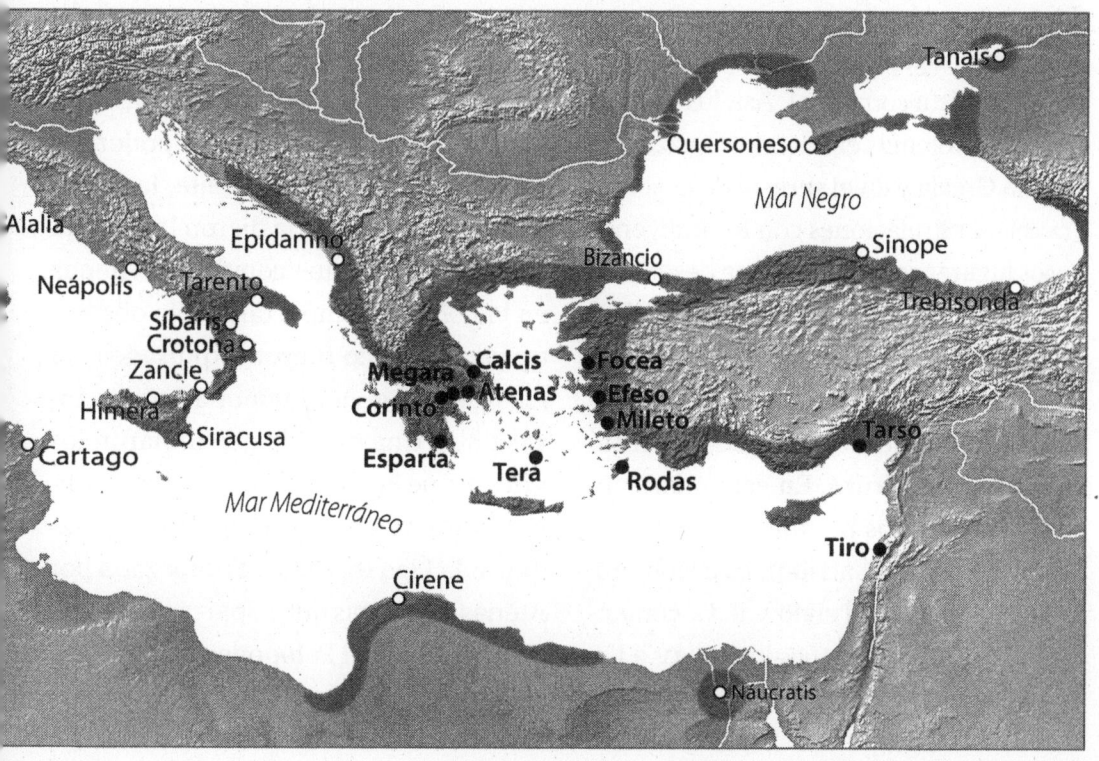

Mapa de la colonización griega durante la Etapa Arcaica.

a muchos a probar suerte en otros lugares fuera de Grecia. La expedición de colonización consistía en la salida de la metrópolis para explorar la capacidad comercial de los nuevos territorios, instalando la colonia en el lugar más adecuado desde el punto de vista comercial. Así, los griegos fundaron colonias en el mar Negro, en la Magna Grecia y en el sureste de la actual Francia. Las relaciones con los indígenas de los lugares colonizados iban desde pactos amistosos hasta la completa sumisión.

Desde el punto de vista cultural, es a partir del siglo VIII a. C. cuando se adopta el alfabeto fenicio, lo que permitió retomar la escritura. En este momento se redactaron los poemas épicos de *La Ilíada* y *La Odisea,* atribuidos a Homero.

Hacia inicios del siglo V a. C. comenzó la **Etapa Clásica** (siglos V y IV a.C), con las Guerras Médicas (490-479 a. C.). Estos enfrentamientos fueron causados por el expansionismo de los persas

aqueménidas, que ya habían controlado las *poleis* de las costas de Asia Menor y se disponían a invadir las islas del Egeo y la península balcánica. Las *poleis* griegas se organizaron en una confederación liderada por Atenas y Esparta. Atenas tenía una gran flota marítima, mientras que Esparta contaba con un poderoso ejército terrestre. Finalmente, las batallas de Platea y Mícala dieron la victoria a los griegos, lo que convirtió a Atenas en la *polis* más importante. No obstante, los persas no fueron expulsados del Egeo, y esto generó temor a futuras invasiones. Una medida que tomaron los griegos fue la creación de alianzas político-militares para protegerse. Se configuró la Liga de Delos, encabezada por Atenas, mientras que Esparta se organizó en la Liga del Peloponeso.

Durante el siglo V a. C. tuvo lugar el **nacimiento de la democracia** como forma de gobierno, debido a las largas

Mosaico de Alejandro Magno en una casa de la antigua Pompeya.

reivindicaciones del pueblo contra las familias aristocráticas. Con la llegada de la democracia, todos los ciudadanos podían participar en las decisiones de la *polis*. Aunque fue un gran avance, se trataba de un sistema muy limitado que se puso en marcha solo en algunas *poleis* y que dejó al margen a la mayoría de la población (mujeres, extranjeros y esclavos).

La Etapa Clásica finalizó con las Guerras del Peloponeso (431-404 a. C.), originadas por el enfrentamiento entre la Liga de Delos, encabezada por Atenas, y la Liga del Peloponeso, dirigida por Esparta. La causa principal fue el intento de Atenas de dominar todo el territorio griego, a lo que la Liga del Peloponeso se opuso. Las consecuencias de estas guerras comportaron el agotamiento de la población por el hambre, las epidemias de peste y la destrucción de los campos. A pesar de la victoria militar de Esparta, quedó una Grecia empobrecida, enfrentada y debilitada.

Tras casi un siglo de guerras, el territorio griego quedó muy debilitado. Esto facilitó que el reino de Macedonia, situado al norte de Grecia y dirigido por el monarca Filipo II, pudiera conquistar Macedonia fácilmente unificando el territorio bajo su reinado. Se iniciaba de esta manera la **Etapa Helenística** (336-31 a. C.). Tras el asesinato de Filipo II, su hijo, Alejandro Magno, decidió llevar a cabo el proyecto de su padre e inició una serie de conquistas que le llevaron a expandir el Imperio helenístico hasta el río Indo, por el este, y hasta Egipto, por el sur. Alejandro Magno extendió rápidamente el imperio gracias a su estrategia militar y diplomacia política con los indígenas. También se expandió la cultura helénica. Sin embargo, no afianzó estas conquistas, lo que provocó que, a su muerte con tan solo 32 años, su gran imperio se dividiera en **reinos helenísticos**, que fueron absorbidos con la llegada del Imperio romano.

En cuanto a la sociedad griega, su estructura diferenciaba entre ciudadanos y no ciudadanos, y entre los no ciudadanos se encontraban mujeres, metecos (extranjeros) y esclavos. Los ciudadanos eran hombres mayores de 18 años nacidos en la *polis*. En cambio, las mujeres, por su condición, formaban un segundo grupo social con derechos muy limitados, pues siempre debían estar bajo la custodia de un hombre de su familia, ya fuera su padre, hermano o marido. En tercer lugar, los metecos o extranjeros eran personas que habían nacido fuera de la *polis* (aunque fueran de la polis vecina) que habitualmente desempeñaban trabajos como artesanos o comerciantes. Finalmente, los esclavos, que eran jurídicamente considerados cosas, podían desempeñar diferentes tipos de trabajos, desde los más duros como la minería o la construcción hasta otros que requerían menos esfuerzo, como la artesanía o el servicio doméstico.

La economía de la Antigua Grecia se basaba en el cultivo, mayoritariamente de la vid, el olivo y el cereal. Hay que considerar la ubicación geográfica, que conformó parte de su personalidad. El terreno era abrupto y muy complicado para establecer grandes campos de cultivo, lo que provocó la necesidad de buscar alimentos en otros lugares y por ello se colonizaron otros territorios. También existía la ganadería, pero se desarrolló poco por la falta de pastos.

En cuanto al comercio, los griegos produjeron magníficas manufacturas como cerámica de calidad, herramientas, perfumes, metales y tejidos de lana y lino. Por otro lado, el hecho de tener una relación tan estrecha con el mar provocó que fueran grandes navegantes y que desarrollaran importantes rutas comerciales marítimas con otros lugares.

Las creencias de los griegos estaban basadas en una religión politeísta. Es decir, tenían un panteón de dioses en el que cada uno representaba un aspecto de la vida. Estos seres divinos, encabezados por Zeus, el rey de los dioses, eran imaginados con formas y personalidades humanas, pero dotados de poderes sobrenaturales e inmortalidad.

Asimismo, practicaban una serie de rituales personales relacionados con su día a día en función de sus necesidades. También practicaban sacrificios de animales para ofrecerlos a los dioses. Otro aspecto importante era la celebración de ceremonias en lugares sagrados como templos u otros espacios, como es el caso de las Dionisias en honor al dios del vino, Dionisos.

ROMA

Roma tiene su origen en las siete colinas ubicadas a orillas del río Tíber, documentadas desde el siglo XVI a. C.

Según las fuentes, Roma fue fundada en el año 753 a. C., y se inició así el **periodo de la monarquía** (753-509 a. C.). Durante esta etapa se sucedieron siete reyes: Rómulo, Numa Pompilio, Tulio Hostilio, Anco Marcio, Lucio Tarquinio Prisco, Servio Tulio y Lucio Tarquinio el Soberbio.

La figura del rey concentraba todos los poderes: administración de justicia, dirección del ejército y sumo sacerdote. Sin embargo, el monarca se apoyaba en instituciones como el Senado, compuesto por aristócratas que asesoraban al rey y presentaban candidatos para su sucesión, ya que la monarquía no era hereditaria. Otra institución era la Asamblea Popular, que tenía la potestad de aprobar o rechazar leyes.

La monarquía terminó con la expulsión del último rey etrusco tras una revuelta provocada por acusaciones de abuso de poder y tiranía, lo que dio paso al **periodo de la república** (509-27 a. C.). El objetivo de la república era evitar la concentración del poder en una sola persona y conseguir un sistema de gobierno más representativo. Los romanos establecieron una constitución basada en la separación de poderes y el control de las instituciones públicas. De este modo, el poder pasó a manos de una aristocracia compuesta por unas cuarenta familias patricias.

Los primeros años de la república estuvieron marcados por tensiones sociales internas y amenazas externas que pusieron a prueba la estabilidad del nuevo régimen, como los enfrentamientos entre patricios y plebeyos, que se originaron por el descontento de los plebeyos ante el monopolio de los patricios sobre las tierras y el control en la elección del consulado. Paulatinamente, los plebeyos lograron avanzar en sus reivindicaciones, hasta el punto de conseguir la inclusión de la figura del tribuno de la plebe (magistrado encargado de defender sus derechos). Además, se promulgó la Ley de las Doce Tablas, que garantizaba la igualdad de derechos entre patricios y plebeyos, y se consiguió que los plebeyos ricos pudieran llegar a ser cónsules.

La estructura del Estado romano democrático se basaba en tres instituciones principales: las magistraturas, el Senado y los comicios. Las magistraturas eran cargos políticos elegidos anualmente por las asambleas y funcionaron como colegiados para evitar la concentración de poder. El Senado, formado por antiguos magistrados, asesoraba a los magistrados, ratificaba leyes, administraba el Estado y participaba en la elección de nuevos magistrados. Finalmente, los comicios eran asambleas populares que recogían la voluntad del pueblo, y se encargaban también de elegir magistrados, de aprobar leyes y de decidir sobre causas judiciales importantes, aunque su mecanismo de votación estaba diseñado para favorecer a la *nobilitas*.

Una cuestión clave durante la república fue la expansión territorial mediante el sistema de conquista a lo largo de toda la península itálica. Una vez controlada la península, los romanos procedieron a ampliar sus territorios, lo que los llevó a enfrentarse con Cartago, que dominaba una parte del Mediterráneo. El primer conflicto, denominado Primera Guerra Púnica (264-241 a. C.) (contra los punos o cartagineses), se desató cuando los romanos intentaron tomar el control de la

Augusto de Prima Porta
(emperador Augusto),
Museos Vaticanos (Roma).

isla de Sicilia aprovechando la confrontación entre los griegos de Sicilia y los cartagineses. Tras su derrota, los cartagineses intentaron expandir su territorio por la península ibérica, lo que dio lugar a la Segunda Guerra Púnica (218-201 a. C.). Nuevamente derrotados, los cartagineses quedaron relegados a sus territorios del norte de África, pero su rápida recuperación despertó el temor en Roma, que decidió atacar Cartago en la Tercera Guerra Púnica (149-146 a. C.) y logró la victoria final; de este modo se convirtió en la primera potencia del Mediterráneo, lo que le dio el control total sobre el *Mare Nostrum* («Nuestro Mar»).

Hacia el siglo II a. C. comenzó la crisis de la república, desencadenada por una serie de factores. En el ámbito exterior, los romanos encontraron resistencias en los territorios que estaban conquistando, como Hispania y Macedonia. A nivel interno, existieron problemas graves, como la rebelión de los esclavos y las reformas políticas, sociales y económicas de los hermanos Graco, que dieron lugar a una guerra civil. Este enfrentamiento entre los propios romanos desembocó en dos **triunviratos**, que fueron alianzas políticas de tres líderes. El primer triunvirato condujo a las guerras civiles romanas, que terminaron con el ascenso de Julio César como líder, hasta su asesinato. El segundo triunvirato consolidó el poder de Octavio, lo que marcó el fin de la república y el inicio del **imperio**.

En el año 27 a. C., el Senado reconoció a Octavio como la persona que había devuelto la paz a Roma, otorgándole el título de *imperator* («emperador»). Se inicia, de esta manera, una nueva etapa en la historia de la Antigua Roma que será el Imperio (27 a. C. - 476 d. C.). El sistema político fue un régimen autocrático que concentraba todos los poderes (político, administrativo, militar y religioso) en la figura del emperador.

Este periodo se divide en **Alto Imperio** y **Bajo Imperio**, tiempo en el que gobernaron diversas dinastías: Julio-Claudia, Flavia, Nerva-Antonina, Severa, Constantiniana, Valentiniana y Teodosiana.

Durante el Alto Imperio, Roma alcanzó su mayor expansión y estabilidad, dominando un territorio que se extendía desde la península ibérica hasta el Próximo Oriente.

El EMPERADOR AUGUSTO inició el periodo conocido como *pax romana,* que se basaba en la seguridad militar gracias al control de fronteras y la supresión de rebeliones internas. En este contexto, florecieron el comercio, la cultura y el intercambio cultural, mientras que la construcción de una extensa red de comunicaciones viarias facilitó la conexión entre las distintas partes del imperio.

Es hacia el inicio del Bajo Imperio cuando Roma se enfrentó a confrontaciones internas, a las invasiones bárbaras y a divisiones territoriales que ya no pudo controlar. El imperio terminó con la deposición del último emperador de Occidente, Rómulo Augusto, por parte de Odoacro en el año 476 d. C. Sin embargo, el **Imperio Romano de Oriente**, con capital en Constantinopla, continuó existiendo hasta su caída ante los turcos otomanos en 1453 d. C.

La sociedad romana se estructuraba en diferentes grupos en función de sus riquezas y de su poder. En primer lugar estaba la *nobilitas,* que se componía de patricios, pero también de plebeyos que se habían enriquecido. Por debajo se encontraban los *equites,* propietarios de tierras, especuladores o empresarios con mucha influencia en el Senado. El núcleo más importante de la sociedad romana lo constituían los campesinos que eran poseedores de pequeñas y medianas propiedades. También existían los libertos, antiguos esclavos que habían sido liberados pero que seguían vinculados a los amos mediante una relación clientelar. Por último, en el rango más bajo, se encontraban los esclavos, que eran prisioneros de guerra o personas endeudadas. Legalmente eran considerados cosas; por ello, su vida dependía totalmente de la voluntad de los amos.

En cuanto a las actividades económicas, destacó en primer lugar la agricultura como base de la economía romana. Los romanos cultivaban cereales, vid, olivo, frutas y hortalizas que abastecían a la población. En el caso de la vid y el olivo, generaron grandes ingresos gracias a su exportación. La ganadería se centraba principalmente en la cría de cerdos y vacas, que también satisfacían las necesidades alimenticias de las crecientes ciudades romanas. Además, la introducción de innovaciones tecnológicas, como el arado de tracción animal, la implementación de calendarios de barbecho y el uso de sistemas de irrigación avanzados, mejoró notablemente la eficiencia de las explotaciones agrícolas.

La actividad comercial fue de vital importancia. En consecuencia de ello, se habilitó una extensa red de rutas comerciales, tanto terrestres como marítimas, que conectaban el imperio con diversas regiones e incluso con lugares externos a este, como África, China e India. Como grandes ingenieros, los romanos construyeron puertos, almacenes, faros y una extensa red de calzadas que facilitaban el transporte de mercancías. Además, aprovecharon la navegación en los ríos y construyeron canales para mejorar la logística comercial.

Los productos que Roma importaba eran muy variados, como esclavos, especias y bienes de lujo, mientras que exportaba productos como aceite de oliva, vino y manufacturas.

La artesanía, aunque menos prestigiosa que la agricultura, también desempeñaba un papel importante en la economía romana.

La religión en Roma resultó de una mezcla de creencias procedentes de culturas anteriores, como la etrusca y la griega, junto con cultos de los pueblos conquistados (Persia, Asia Menor, Egipto) y el culto imperial al emperador.

Los romanos distinguían entre dos tipos de culto: el privado y el público. En cuanto al culto privado, se celebraba dentro del hogar. Cada familia organizaba sus propios rituales y ofrendas a las divinidades protectoras del hogar, como los Lares y Penates, y también rendían culto a los difuntos de la familia (Manes) y al espíritu protector de cada individuo (Genio). En cambio, el culto público honraba a los grandes dioses del panteón romano y estaba presidido por sacerdotes. Se celebraban fiestas y juegos en honor a los dioses, como las Saturnalia dedicadas a Saturno y las Lupercalia en honor a Fauno.

En este contexto, cabe destacar el nacimiento de una nueva religión: el **cristianismo**. En los primeros tiempos fue duramente reprimido y perseguido, pero fue ganando fuerza gradualmente hasta que fue legalizado por el emperador Constantino I. Finalmente, Teodosio I convirtió el cristianismo en la única religión oficial, prohibiendo la práctica pública de la religión romana tradicional, lo que provocó el declive del politeísmo.

Edad Media

La Edad Media es una etapa de la historia que abarcó desde el año 476 d. C., cuando cayó el Imperio romano, hasta el año 1492, momento en el que se descubrió América.

No todos los historiadores coinciden con las fechas de inicio y fin de esta etapa. Algunos consideran que la crisis del Imperio romano del siglo III supuso un cambio tan importante que podría considerarse el fin de la Edad Antigua en ese siglo. De la misma manera, otros historiadores consideran que el final de la Edad Media hay que datarla en el año 1453, cuando cayó Constantinopla, y no con el descubrimiento de América.

LA EDAD MEDIA EN EUROPA

Los germánicos fueron un grupo de pueblos originarios del norte de Europa que se identificaban por el uso de las lenguas germánicas. Estas tribus incluían a los suevos, vándalos, godos (visigodos y ostrogodos), francos, burgundios, turingios, alamanes, anglos, sajones, jutos y lombardos, entre otros.

A partir del siglo III, debido a la presión de otros pueblos al norte, especialmente de los hunos; a la búsqueda de tierras más fértiles y prósperas, y a la atracción por la riqueza y el modo de vida del Imperio romano, los pueblos germánicos comenzaron a migrar hacia el sur, intensificando así el contacto con los romanos. En esta relación hubo periodos tanto de enfrentamientos como de coexistencia pacífica, lo que permitió una importante influencia cultural, como la fusión entre las élites germánicas y romanas que adoptaron el latín como lengua e, incluso, el cristianismo como religión.

Cuando cayó el Imperio romano en 476 d. C., los pueblos germánicos aprovecharon la situación de debilidad de Roma para establecerse definitivamente en su territorio; fundaron, así, los reinos de los **suevos**, los **visigodos de Tolosa**, el **Reino Visigodo de Toledo**, el **Reino Franco** y el **Reino Ostrogodo**.

De entre todos estos reinos, fue el **Reino Franco** el que llegó a convertirse en el más grande de toda Europa Occidental. Gobernado por la dinastía merovingia desde mediados del siglo V hasta el año 751, logró establecer un poderoso Estado que controlaba un vasto territorio que abarcaba lo que hoy son Bélgica, Luxemburgo, Suiza, los Países Bajos, Francia, Austria y Alemania

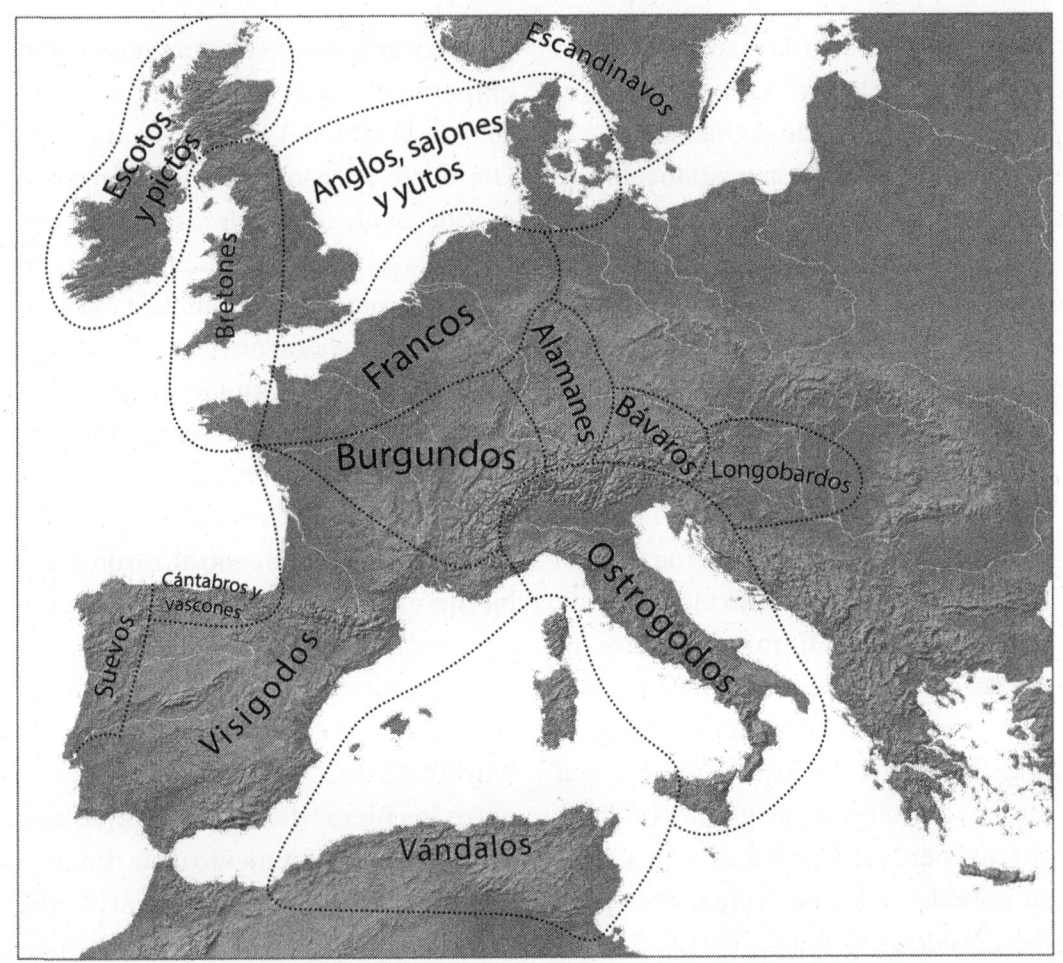

Mapa de los reinos germánicos a finales del siglo v.

occidental. Además, la conversión al catolicismo de Clodoveo I, uno de los reyes francos, consolidó el vínculo entre la monarquía y la religión cristiana, lo que se convirtió en una característica distintiva de la Edad Media.

A partir del año 751 se produjo un cambio dinástico en el Reino Franco. Los carolingios fueron los nuevos gobernantes, denominados así por la figura de Carlos Martel, quien detuvo el avance musulmán en la batalla de Poitiers, en el año 732. Sin embargo, fue su hijo, Pipino el Breve, quien dio el paso decisivo al deponer al último rey merovingio en 751, con lo que se convirtió en el primer monarca carolingio. Este acto, respaldado por el papado, cimentó una alianza crucial entre la Iglesia y los francos que perduraría durante siglos. Bajo su reinado, el Reino Franco se expandió considerablemente, abarcando gran parte de Europa Occidental.

La coronación de Carlomagno como emperador por el papa en el año 800 revivió la idea del Imperio romano en Occidente y consolidó su posición como el gobernante más poderoso de Europa.

Los carolingios, además de sus conquistas, promovieron la cultura y la educación. Por esta razón, este periodo ha sido denominado **Renacimiento carolingio**, caracterizado por el florecimiento de las artes, la literatura y la cultura. Asimismo, se implementaron reformas administrativas que centralizaron el gobierno y promovieron la expansión del cristianismo en toda Europa.

Sin embargo, tras la muerte de Carlomagno y en virtud del Tratado de Verdún de 843, el territorio se dividió entre los nietos del emperador, lo que provocó el debilitamiento de la dinastía y la consiguiente descentralización del poder. En este contexto surgió un nuevo sistema político, económico y social denominado **feudalismo**. Este nuevo sistema concentraba el poder en manos de los señores feudales, quienes poseían grandes territorios y ejercían su autoridad sobre la población local, administrando justicia, recaudando impuestos y brindando protección a cambio de fidelidad y servicios. Esta transferencia de poder de la autoridad central a los señores feudales marcó el inicio de una sociedad estructurada en torno a las relaciones de vasallaje y dependencia entre los diferentes estratos sociales.

Las relaciones feudo-vasalláticas implicaban el vínculo entre el vasallo y el señor feudal. El vasallo juraba fidelidad al señor a cambio del derecho de usufructo sobre un determinado terreno, conocido como *feudo*. En este contexto, el vasallo asumía compromisos como ofrecer apoyo político y militar a su señor feudal cuando fuera necesario, así como auxilio económico y consejos cuando se los solicitara. A cambio, el señor feudal garantizaba protección militar al vasallo y le otorgaba el derecho de administrar y percibir las rentas de un feudo específico. Es importante destacar que el señor feudal retenía parte de la producción agrícola generada por el vasallo en sus tierras.

El pacto entre señor y vasallo se sellaba mediante una ceremonia de investidura en la que el vasallo realizaba un homenaje al señor, juraba fidelidad y recibía un objeto simbólico que representaba la concesión material del feudo.

En consecuencia, se fue gestando una sociedad jerarquizada y dominada por dos estamentos privilegiados que no pagaban impuestos: la nobleza y el clero. El estamento inferior estaba compuesto por los campesinos.

Así pues, la nobleza tenía la obligación de proteger a la comunidad de los ataques de externos mediante la guerra si era necesario, mientras que el clero proporcionaba servicios religiosos. Por otro lado, los no privilegiados o los campesinos eran la base socioeconómica de la sociedad feudal, ya que trabajaban la tierra para obtener los alimentos y recursos necesarios para toda la comunidad. Sin embargo, su vida estaba marcada por la dependencia y la pobreza, ya que la mayoría estaban adscritos a la tierra que cultivaban y debían pagar rentas muy altas a su señor feudal.

La economía feudal se basaba en el autoabastecimiento, por lo que en cada feudo se cultivaba la tierra, se criaba ganado y se obtenían recursos naturales para satisfacer las necesidades locales. Como resultado, el comercio era básicamente local, con intercambios de bienes y productos entre los señores feudales y los siervos. Este sistema económico estaba estrechamente ligado a la estructura social y política del feudalismo, donde la producción agrícola era esencial para la subsistencia de la sociedad.

A lo largo de la Edad Media, la economía feudal europea fue cambiando debido a la introducción de nuevos avances tecnológicos en la agricultura, como la incorporación del sistema de rotación trienal, que permitía aprovechar el 66 % de la tierra cultivable, frente al 50 % del antiguo sistema bienal. Otras innovaciones incluyeron el uso de arados de hierro, más resistentes que los de madera, el empleo de abonos naturales y el aumento en el uso de molinos de agua.

Todo ello incrementó la producción agrícola, generando excedentes que, a su vez, favorecieron el crecimiento de la población y la reactivación del comercio para dar salida a dichos excedentes. Así, a partir del siglo XI, las ciudades crecieron y nacieron otras nuevas, generalmente ubicadas junto a las rutas comerciales que se habían reactivado.

El resurgimiento del comercio y la actividad artesanal en las ciudades generó riqueza y oportunidades de empleo, incentivando la migración desde el campo.

Las ciudades también obtuvieron cartas de franquicia que les otorgaban cierta autonomía y privilegios, como la exención de impuestos, lo que las hacía especialmente atractivas para los habitantes. A medida que las ciudades crecían, se expandieron más allá de sus murallas medievales, ocupando nuevos espacios y construyendo barrios extramuros. Este crecimiento urbano convirtió las ciudades en centros de actividad económica, donde se celebraban mercados y ferias que atraían a comerciantes de todo el continente. En este contexto surgieron los gremios, un sistema de organización de la producción artesanal cuya función era controlar la producción y garantizar la calidad de los artículos.

Por otro lado, las ciudades también se convirtieron en centros culturales, con la creación de nuevas instituciones como universidades, escuelas y bibliotecas.

El fin de la Edad Media en Europa comenzó en el siglo XIV, con la crisis generalizada que marcó esta etapa.

Uno de los principales problemas de este periodo fue la llegada de la peste negra o peste bubónica, llamada así por los bubones oscuros que desarrollaban los enfermos antes de morir. Esta enfermedad, causada por una bacteria, se propagaba a través de las picaduras de pulgas infectadas provenientes de las ratas y se transmitía fácilmente entre los humanos. La peste se originó en Oriente Medio y llegó a Europa en el año 1348 a partir de las rutas comerciales. Se estima que causó la muerte de unos 48 millones de personas, con

El triunfo de la muerte, de Pieter Bruegel, en el Museo del Prado (Madrid).

lo que redujo la población europea casi a la mitad.

A esta gran epidemia debemos sumar la crisis agrícola provocada por varios factores, entre ellos el cambio climático. En la primera mitad del siglo xiv, las lluvias fueron muy intensas y las temperaturas descendieron de forma generalizada. Se perdieron las cosechas, lo que causó periodos de hambrunas y, en consecuencia, un aumento de la mortalidad. Estos acontecimientos empeoraron la situación del campesinado, que se organizó y protagonizó importantes revueltas para reivindicar unas mejores condiciones de vida. Los campesinos se rebelaron contra los señores feudales y las autoridades, para exigir mejoras laborales, acceso a más tierras y una mayor participación en los recursos. Estas revueltas, que desafiaron el poder de los señores feudales al reclamar un cambio en las relaciones de poder, contribuyeron de forma significativa a la erosión del sistema feudal y a la transición hacia la Edad Moderna.

Durante la crisis de la Edad Media, la autoridad de la Iglesia católica también experimentó cambios importantes. Por un lado, la Iglesia se enfrentó a los monarcas europeos, que buscaban un mayor control sobre la institución religiosa. Esto condujo a un proceso de secularización y a una disminución de la influencia eclesiástica en la política y la sociedad. Por otro lado, la crisis espiritual también se originó dentro de la propia Iglesia. La división del papado entre

Roma y Aviñón, conocida como el *Cisma de Occidente*, ejemplificó la fragmentación en la cúpula eclesiástica, y generó una profunda crisis de autoridad y credibilidad.

EL IMPERIO BIZANTINO

Tal como hemos mencionado anteriormente, el Imperio romano de Oriente subsistió durante la Edad Media. Geográficamente, se ubicó en los territorios orientales del antiguo Imperio romano. Surgió en el año 395 tras la división definitiva entre los territorios occidentales y orientales del imperio, y su capital fue Constantinopla (actualmente Estambul).

Durante el siglo VI, el emperador bizantino Justiniano intentó revivir la antigua grandeza del Imperio romano mediante una ambiciosa política de recuperación territorial. Para ello, conquistó extensos territorios en el Mediterráneo, incluyendo el norte de África, Italia y parte de la península ibérica, y de este modo logró la máxima extensión geográfica del imperio. Además, bajo su gobierno, se compiló el *Corpus Iuris Civilis*, una codificación del derecho romano que sentó las bases del derecho civil en muchos estados modernos.

En el ámbito religioso, Justiniano consolidó el cristianismo ortodoxo persiguiendo corrientes consideradas heréticas, como el arrianismo y el nestorianismo. No obstante, en su última etapa, Justiniano enfrentó dificultades para mantener el control de un imperio que comenzaba a desmoronarse.

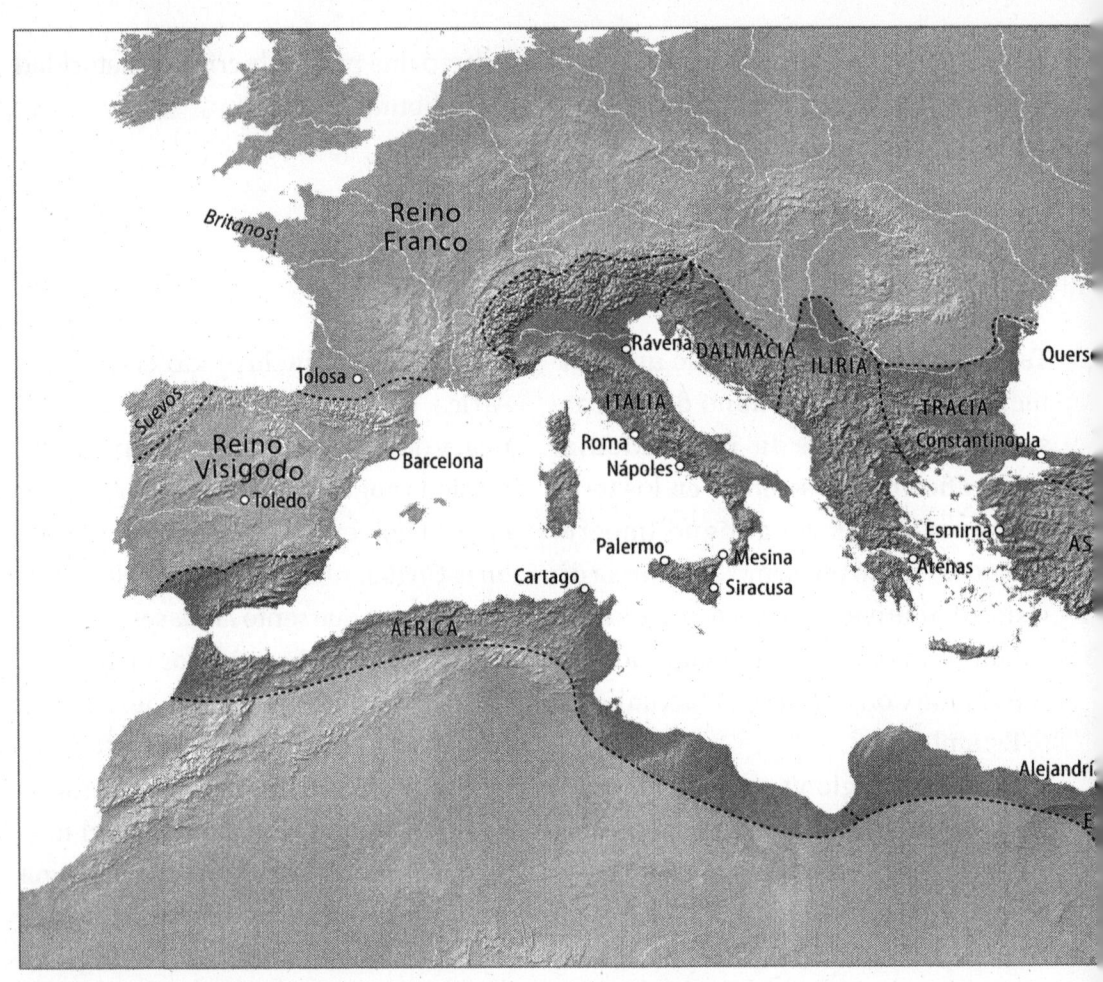

Mapa del Imperio bizantino en su máxima expansión (siglo IV).

A pesar de que en el siglo x el **Imperio bizantino** vivió un renacimiento notable impulsado por los avances en tecnología militar, que mejoraron su capacidad bélica, volvió a experimentar un gran declive con el Cisma de Oriente en 1054, que marcó la ruptura entre las iglesias cristianas de Oriente y Occidente.

En el último siglo de existencia, fue conquistado progresivamente por el **Imperio otomano** hasta que, en 1453, Constantinopla fue asediada y tomada por los turcos otomanos, lo que puso fin de manera definitiva al Imperio bizantino.

Durante todo el periodo, la sociedad bizantina tuvo una estructura altamente jerarquizada. En la cima de la pirámide social se encontraba el emperador, considerado el representante de Dios en la tierra y, por lo tanto, poseedor del máximo poder político y religioso. Por debajo se situaba la aristocracia,

conformada por la nobleza terrateniente y los altos funcionarios de la administración imperial, quienes gozaban de
grandes privilegios y acumulaban riquezas gracias a sus extensas propiedades.

El clero, debido a las numerosas do-
naciones que recibía y a su estrecha relación con el poder imperial, también
ocupaba una posición privilegiada.

Por debajo de estos grupos se encontraba una amplia clase media compuesta
por comerciantes, artesanos especializados y profesionales diversos, como
literatos, médicos y abogados, que gozaban de cierto bienestar económico.

En los estratos más bajos de la sociedad se hallaban los pequeños comerciantes, los agricultores y los campesinos
empobrecidos, mientras que en el último escalón de la jerarquía social se
ubicaban los esclavos, procedentes principalmente del comercio y de las conquistas territoriales.

El Imperio bizantino sostenía su poder en un sistema económico sólido
basado en la explotación agraria, el comercio y la industria, lo que resultaba
fundamental frente a sus enemigos. Las
grandes propiedades agrícolas o latifun-
dios contribuían significativamente a la
prosperidad económica del imperio. El
cultivo de una gran variedad de productos, como cereales, frutas y hortalizas,
posibilitó una producción agrícola abun-
dante y variada. Además de abastecer al
mercado interno, los excedentes agrícolas se destinaban al comercio exterior, lo
que generaba ingresos que ayudaban a
mantener la fortaleza del imperio.

Otra actividad económica destaca-
da fue la industria textil, especialmente la producción de seda a partir de la
cría de gusanos de seda. El Estado ges-
tionaba talleres dedicados a la elaboración de tejidos de seda, en los que
empleó a numerosas personas y que

generaron importantes ingresos para las arcas imperiales.

Sin embargo, quizás la actividad económica más relevante del Imperio bizantino fue el comercio marítimo en el mar Mediterráneo. Constantinopla, además de ser la capital del imperio, se convirtió en un centro comercial estratégico que conectaba Europa con Asia. Las rutas comerciales, como la conocida *Ruta de la Seda,* vinculaban al imperio con Persia y Europa, facilitando el intercambio de bienes y productos.

Es importante destacar que el Estado bizantino controlaba tanto el comercio interior como el exterior, además de poseer el monopolio de la emisión de moneda. En este sentido, el *solidus* bizantino, una divisa fuerte de oro, se impuso como moneda de prestigio en el Mediterráneo durante gran parte de la Edad Media.

EL ISLAM

El islam se originó en la península arábiga el siglo VII, cuando el profeta Mahoma comenzó a predicar esta nueva religión monoteísta. En sus inicios, el islam fue duramente perseguido. En el año 622 Mahoma tuvo que huir de la Meca (centro de peregrinación actual) a Medina junto con sus seguidores. Este suceso es conocido como la *Hégira* y marca el inicio del calendario islámico.

Paulatinamente, Mahoma fue ganando adeptos y estableció no solo una nueva religión, sino también un sistema político, social y cultural. Logró unificar a las tribus que habitaban la península arábiga bajo el islam. Tras

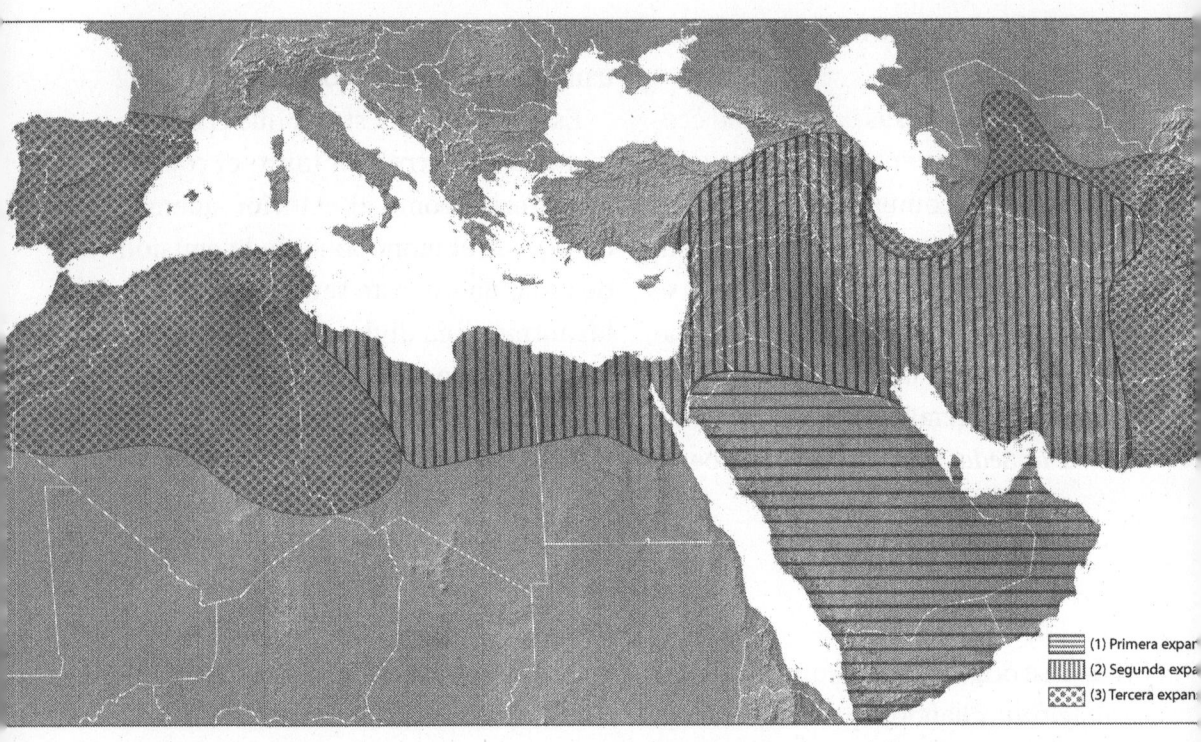

(1) Primera expar...
(2) Segunda expa...
(3) Tercera expan...

Expansión del islam durante el siglo VII y VIII, bajo Mahoma (1), el califato ortodoxo (2) y el califato omeya (3).

su muerte, en el año 632, sus sucesores (califas) continuaron la expansión, conquistando territorios de Persia y Bizancio.

Posteriormente, durante el **califato omeya** (661-750) se trasladó la capital a Damasco y se continuó la expansión territorial. Los dominios de este califato se extendieron desde la península ibérica hasta el subcontinente indio. En este periodo, al-Ándalus, la región de la península ibérica bajo control musulmán, se convirtió en un importante centro cultural y económico, destacando en ciencias, filosofía y artes.

Sin embargo, la fragilidad militar en algunos momentos y el crecimiento de la oposición interna debilitaron el califato omeya. En consecuencia, a mediados del siglo VIII se inició el **califato abasí** (750-1258) y se estableció la capital en Bagdad. Este periodo, conocido como la *Edad de Oro* del islam, se caracterizó por avances en ciencia, medicina, filosofía y arte. Sin embargo, la prosperidad no evitó que el califato abasí empezara a fragmentarse. En este momento, surgieron estados independientes, como los fatimíes en Egipto y los omeyas en al-Ándalus.

En 1258, Bagdad fue saqueada por los mongoles, lo que marcó el fin del califato abasí. No obstante, el islam continuó expandiéndose a través de otros imperios y dinastías.

La sociedad islámica medieval estaba formada por diversos grupos étnicos y religiosos, organizados en una clara jerarquía social. En la cúspide se encontraba la *umma*, la comunidad de creyentes musulmanes. Por debajo estaban los conversos al islam, conocidos como *mawali*, quienes en muchas ocasiones eran considerados ciudadanos de segunda categoría, pues su origen era no islámico.

Justo después de la *umma* se ubicaba la aristocracia terrateniente, compuesta por una élite rica que controlaba la tierra y los negocios. Este grupo estaba formado principalmente por árabes que habían conquistado territorios, así como por familias importantes de los lugares conquistados que se habían convertido al islam.

No obstante, la mayoría de la población formaba parte del grupo de los *dimmies*, agricultores, artesanos y comerciantes que podían profesar otras religiones, como la cristiana o la judía. Estos estaban obligados a pagar un impuesto a cambio de protección. En el último escalón social se encontraban los esclavos, considerados propiedad de otros y destinados a diversas funciones.

La vida social y cultural de la sociedad islámica se fundamentaba en el Corán y las enseñanzas de Mahoma (*sunnah*). Estas normas regulaban todos los aspectos de la vida diaria, desde la moralidad personal hasta las relaciones sociales y económicas.

Esto aseguraba que el islam no solo guiara la espiritualidad, sino también la organización social y política del imperio.

La economía islámica en la Edad Media se basaba en la agricultura, que utilizaba técnicas avanzadas de irrigación y promovía el cultivo de nuevos productos. Estas innovaciones permitieron aumentar la producción y diversificar los cultivos, como cereales, frutas y hortalizas. La ganadería complementaba la agricultura, aportando carne, leche y otros productos esenciales.

El comercio desempeñó un papel crucial gracias a las rutas que conectaban Asia, Europa y África. Ciudades como Bagdad y Damasco se convirtieron en importantes centros de intercambio cultural y económico. Entre los bienes comercializados destacaban la seda, especias, metales preciosos y productos agrícolas.

El sistema financiero islámico introdujo conceptos innovadores, como la banca sin intereses, así como herramientas como cheques y letras de cambio, que facilitaron los intercambios comerciales. Además, la economía se regía por principios éticos que promovían la justicia social, como el sistema de *waqf*, que destinaba recursos a causas benéficas.

Como hemos visto, la religión islámica impregnaba todas las áreas, también la cultura, por lo que predominaba una profunda religiosidad, donde lo sagrado y lo laico estaban intrínsecamente conectados. Debido a la rápida expansión del islam, se generó una cultura diversa que incorporó elementos de civilizaciones conquistadas, como la grecorromana y la persa. El árabe se convirtió en la lengua principal y fomentó una rica tradición literaria, con obras emblemáticas como *Las mil y una noches*.

Durante la Edad de Oro del islam, entre los siglos VIII y XIII, se tradujeron al árabe numerosos textos griegos, y de este modo se preservaron obras de filósofos y científicos como Aristóteles y Euclides. En matemáticas, desarrollaron el álgebra, introdujeron los números negativos y ecuaciones cuadráticas, y popularizaron el uso de los números arábigos, de origen indio, que utilizamos en la actualidad.

En el aspecto científico, los árabes desarrollaron instrumentos más precisos para la observación astronómica. Asimismo, en el ámbito de la medicina, tradujeron y sintetizaron conocimientos griegos y persas. Un ejemplo notable fue el médico y filósofo Avicena, cuya obra tuvo gran influencia en el desarrollo de la ciencia moderna.

ASIA ORIENTAL

Durante la Edad Media, las civilizaciones de Asia Oriental, entre las que destacan China, Japón y Mongolia, experimentaron un desarrollo significativo.

La civilización china fue una de las más influyentes en el continente asiático. El periodo de la Edad Media comenzó con la breve pero significativa **dinastía Sui** (581-618), que logró reunificar China tras siglos de fragmentación. Los Sui emprendieron proyectos monumentales como la construcción del Gran Canal, una obra de ingeniería que conectaba el norte y el sur del país, facilitando el comercio y la comunicación. Destacaron por su política favorable a la masa campesina, cuyo apoyo querían atraer.

La caída de los Sui dio paso a la **dinastía Tang** (618-907), considerada la Edad de Oro de la civilización china, debido a su prosperidad tanto en términos de expansión territorial como cultural. Durante esa época se produjeron algunas de las obras artísticas y poéticas más importantes de la historia china.

Otro periodo remarcable fue el de la **dinastía Song** (960-1279), caracterizado por grandes avances tecnológicos, como la invención de la pólvora, el perfeccionamiento de la brújula y el desarrollo de la imprenta con tipos móviles, lo que facilitó la difusión del conocimiento siglos antes que en Occidente.

El final de la Edad Media china comenzó con la conquista mongola y el establecimiento de la **dinastía Yuan** (1271-1368). Bajo el liderazgo de Kublai Khan, nieto de Genghis Khan, China fue gobernada por primera vez por una potencia extranjera. Este periodo estuvo marcado por una intensificación del intercambio cultural entre China y el resto del mundo, ejemplificado por los viajes de Marco Polo.

A lo largo de estos siglos, la sociedad china mantuvo una estructura jerárquica encabezada por el emperador, quien se apoyaba en una eficiente burocracia imperial para administrar el vasto territorio.

La economía china tenía una base predominantemente agraria, aunque el comercio empezó a desarrollarse de forma significativa. Las ciudades chinas, algunas con más de un millón de habitantes, se convirtieron en centros de artesanía y comercio. La famosa Ruta de la Seda, que conectaba China con Oriente Medio y Europa, facilitó no solo el intercambio de bienes, sino también de ideas y tecnología.

En el ámbito filosófico y religioso, el budismo, procedente de la India, coexistió con tradiciones nativas como el confucianismo y el taoísmo. Esta síntesis de pensamientos influyó profundamente en la cultura china, desde la literatura hasta la pintura y la arquitectura.

Uno de los territorios que recibió gran influencia cultural de la China fue Japón. Este país comenzó la Edad Media con el **periodo Kofun** (300-538), conocido por los grandes túmulos funerarios (*kofun*) construidos para los líderes de la época. Durante este tiempo se estableció un Estado unificado bajo el clan Yamato. Japón inició entonces relaciones diplomáticas y comerciales con China y Corea, lo que influyó en su desarrollo cultural y tecnológico.

La introducción del budismo como religión oficial marcó el inicio del **periodo Asuka** (538-710), que dio nombre a la capital. Durante esta época, se adoptó el sistema político y administrativo chino y se llevaron a cabo reformas para centralizar el poder bajo el emperador.

En el **periodo Nara** (710-794), se consolidó un Estado japonés centralizado. Destaca de este momento la aparición de las primeras crónicas históricas japonesas, como el *Kojiki* y el *Nihon shoki*.

Posteriormente, se inició el **periodo Heian** (794-1185), en el que la aristocracia dominó la política mediante matrimonios estratégicos con la familia imperial. Esta fue una era de gran florecimiento cultural, caracterizada por la cultura cortesana y la literatura clásica japonesa. Sin embargo, hacia el final del periodo Heian, el poder de la corte imperial comenzó a debilitarse, lo que permitió a los clanes samuráis ganar influencia en las provincias.

En 1180, después de una guerra civil, se inició el **periodo Kamakura** (1185-1333) con la instauración de un nuevo sistema político conocido como *sogunato*. Este sistema estableció un liderazgo militar encabezado por el sogún, mientras que el emperador se convirtió en una figura ceremonial. El gobierno feudal se estructuró con el sogún en la cima, seguido por los daimios (señores feudales) y los samuráis, quienes juraban lealtad a cambio de tierras y poder. Durante este tiempo, el budismo zen se difundió entre los samuráis, y Japón resistió dos intentos de invasión mongola gracias a unos tifones a los que llamaron *kamikaze* («viento divino»).

El sogunato comenzó a debilitarse hacia el final del periodo Kamakura, lo que dio inicio al **periodo Muromachi** (1336-1573). Durante esta etapa, el sogunato Ashikaga, con un control más descentralizado, permitió a los daimios cierta autonomía. Esto sentó las bases para los conflictos que caracterizaron el **periodo Sengoku** o Estados en Guerra (1467-1573), marcado por intensos enfrentamientos entre daimios.

Retrato de Gengis Kan en el National Palace Museum de Taipei (Taiwán).

A pesar de la inestabilidad política, el periodo Muromachi fue testigo de un florecimiento cultural, con el desarrollo de artes influenciadas por el budismo zen, como el teatro Noh y la ceremonia del té.

Otro de los imperios más poderosos de la historia de Asia fue el **Imperio mongol**, que tuvo su apogeo entre 1206 y 1368. Fundado por Gengis Kan, unificó diversas tribus nómadas de la estepa de Asia Central, formando un imperio que llegó a abarcar un vasto territorio, desde la Manchuria rusa hasta el río Danubio en Europa, incluyendo partes de China, Persia y Rusia.

Gengis Kan destacó por estar al mando de un poderoso ejército conocido por su movilidad y tácticas de guerra innovadoras. Su éxito militar se basó en una caballería ligera altamente efectiva y arqueros hábiles, lo que le permitió conquistar vastas áreas.

Además, Gengis Kan estableció un sistema de gobierno que permitía a las sociedades conquistadas mantener sus costumbres a cambio de tributo y lealtad.

Con la llegada de sus descendientes, el imperio se dividió en varios *kanatos*, cada uno gobernado por un miembro de la familia. Estos, a pesar de que disfrutaban de cierta autonomía, debían reconocer la autoridad del Gran Kan.

El Imperio mongol facilitó un intercambio cultural y comercial sin precedentes entre Oriente y Occidente. Se establecieron rutas comerciales que promovieron la difusión de ideas, tecnologías y productos, como la pólvora y la brújula.

Sin embargo, el imperio comenzó a desintegrarse en el siglo xiv debido a conflictos internos y a la dificultad de gobernar un territorio tan extenso. La peste negra, que se propagó a través de las rutas comerciales, también contribuyó a su declive. En 1368, el imperio perdió el control de China ante la dinastía Ming, lo que marcó el fin de su predominio en la región.

AMÉRICA

Mientras una parte del mundo transitaba la Edad Media, la otra parte habitaba el continente americano o lo que ha sido denominado *América precolombina*.

Recordemos que el *Homo sapiens* había llegado al continente hace aproximadamente 15.000 años a través del estrecho de Bering y se había asentado desarrollando culturas propias. Estos grupos, conocidos como *paleoindios*, se dispersaron por el territorio, adaptándose a diversos entornos y desarrollando diferentes modos de vida, desde cazadores-recolectores hasta sociedades más complejas.

En el norte del continente americano, los diferentes grupos humanos eran desde sociedades nómadas, como los **navajos y apaches**, hasta civilizaciones más sedentarias, como los **misisipianos**, conocidos por sus grandes montículos ceremoniales. En el resto del continente, surgieron civilizaciones avanzadas que formarían grandes imperios, con los que se encontrarían los conquistadores en el siglo xv.

Una de las más importantes fue la **civilización maya**, que se desarrolló principalmente en lo que hoy es parte de Guatemala, México (especialmente en la península de Yucatán, Chiapas y Tabasco), Belice y partes de Honduras y El Salvador. Su origen se remonta aproximadamente al 1800 a. C. y perduró hasta el 1524 d. C.

Desde el punto de vista político, los mayas se organizaban en ciudades-Estado independientes, cada una gobernada por un rey-sacerdote conocido como *ahau*, que combinaba el poder político y el religioso. La sociedad era jerárquica, con una élite de nobles y sacerdotes, mientras que la mayoría de la población estaba compuesta por campesinos y artesanos. Las ciudades-Estado competían y formaban alianzas, lo que fomentó el desarrollo cultural. Cada ciudad tenía su propia administración para gestionar la agricultura y el comercio.

La economía de la civilización maya se basaba en la agricultura, el comercio y la producción artesanal. Cultivaban maíz, frijoles y calabazas utilizando técnicas avanzadas. El comercio era vital, con redes que conectaban diversas regiones para el intercambio de bienes como jade y cacao. Además, la producción artesanal incluía cerámica y tejidos, y un sistema de tributos sostenía la estructura social y financiaba proyectos públicos. Los mayas también explotaban recursos naturales como la pesca y la caza. La especialización laboral y los mercados regulados permitieron una economía diversificada y una sociedad próspera y compleja.

En cuanto a la cultura, integraron en su vida cotidiana una religión politeísta que asociaba a los dioses con elementos de la naturaleza, como el dios del maíz (*Hun Hunahpu*), el dios del sol (*Kinich Ahau*) y el dios de la lluvia

Pirámide de Kukulcán
en Chichén Itzá,
Yucatán (México).

(*Chaac*), y celebraban elaborados rituales. Los mayas destacaron en campos como la ciencia y las matemáticas, con un avanzado sistema numérico vigesimal que incluía el concepto del cero. Asimismo, realizaron precisos cálculos astronómicos mediante los que podían predecir eclipses solares y lunares y seguir los movimientos de planetas como Venus. Estos conocimientos se reflejaban en sus calendarios, extraordinariamente exactos.

En cuanto a su escritura, los mayas desarrollaron uno de los sistemas más complejos del mundo antiguo. Utilizaban glifos, es decir, símbolos que representaban palabras y sonidos, los cuales se inscribían en monumentos, códices y otros objetos. Gracias a la escritura, se registraron sucesos históricos, genealogías reales y aspectos religiosos y administrativos.

La arquitectura maya es famosa por su monumentalidad y complejidad. Construyeron impresionantes pirámides escalonadas, templos, palacios y observatorios astronómicos, como las pirámides de Tikal, el Templo de las Inscripciones en Palenque y la PIRÁMIDE DE KUKULKÁN en Chichén Itzá. También destacaron en otras áreas artísticas como la escultura, la pintura mural, la cerámica y la joyería.

La civilización maya alcanzó su apogeo durante el período clásico (250-900 d. C.), cuando se construyeron grandes centros ceremoniales y se produjeron importantes avances culturales y científicos. Sin embargo, a partir del siglo ix d. C., la mayoría de los centros mayas comenzaron a colapsar debido a factores como la sequía, la guerra y la disminución del comercio. Las teorías sobre su desaparición incluyen la degradación ambiental y las tensiones sociales internas.

Aunque la civilización maya colapsó, el pueblo maya persistió, y sus descendientes aún habitan en la región. La conquista española comenzó en 1524 y culminó con la caída del último Estado maya independiente en 1697.

Otra de las civilizaciones más importantes de América fueron los **aztecas**. Su origen se encuentra en el pueblo azteca o mexica, que fundó el **Imperio azteca** en el siglo xiv. Geográficamente, este imperio se extendió por gran parte del actual México. A partir de 1430, iniciaron una política expansionista que los llevó a dominar gran parte del centro y sur del actual México.

La organización política de los aztecas era centralizada y jerárquica. El jefe supremo, conocido como el *tlatoani,* tenía total autoridad política y religiosa y era elegido por un consejo de nobles y sacerdotes.

El imperio se basaba en la alianza de las tres ciudades-Estado que dominaban el territorio: Tenochtitlán, Texcoco y Tlacopan, lo que facilitó su expansión. Se dividía en provincias gobernadas por *tlatoanis* locales que debían lealtad a Tenochtitlán y recolectaban tributos esenciales para la economía.

El consejo de nobles asesoraba al *tlatoani*, mientras que la sociedad se organizaba en *calpullis,* comunidades responsables de la administración local y el suministro de guerreros. Además, existía un sistema legal con tribunales y se utilizaba la diplomacia para establecer alianzas.

Cabe destacar que los aztecas fueron una civilización profundamente militarizada. La guerra era el motor de su economía, religión y estructura social, por lo que posibilitaba la expansión y el mantenimiento del imperio.

La sociedad azteca era jerárquica y se dividía en tres grupos principales. En primer lugar, los *pipiltin,* que incluían a nobles, sacerdotes y líderes militares, controlaban la política y la economía, y disfrutaban de privilegios como tierras y recursos. Por debajo de estos, los *macehualtin* representaban a la mayoría de la población, y se dedicaban a la agricultura, al comercio y a la artesanía; aunque pagaban tributos, algunos podían ascender socialmente. Los esclavos, por último, que eran prisioneros de guerra o personas endeudadas, vivían en condiciones precarias, aunque podían comprar su libertad.

La sociedad también se organizaba en *calpullis*, clanes de familias con ascendencia común, responsables de la administración local y el suministro de guerreros. Esta estructura social garantizaba la estabilidad y el control en el Imperio azteca.

La economía azteca se fundamentaba en tres pilares principales. En primer lugar, la imposición de tributos a los pueblos conquistados, que incluían productos agrícolas, bienes artesanales y materias primas, generaba una importante fuente de riqueza. En segundo lugar, tuvo mucha importancia el desarrollo de tecnología agrícola avanzada, como chinampas, terrazas y sistemas de irrigación para maximizar la producción de alimentos. Finalmente, el comercio fue esencial, con mercados locales y comerciantes de larga distancia que facilitaban el intercambio de bienes, utilizando el cacao y mantas de algodón como moneda.

La religión azteca era politeísta y teocrática, con una profunda influencia en la vida social y política. Adoraban a múltiples dioses, y algunos de los más importantes eran Huitzilopochtli, dios de la guerra y el sol, y Quetzalcóatl, la Serpiente Emplumada. Creían en un mundo cíclico y realizaban sacrificios humanos y rituales para mantener el equilibrio cósmico y asegurar los favores de los dioses.

Desde el punto de vista cultural, los aztecas construyeron grandes templos y pirámides, como el Templo Mayor en Tenochtitlán. También desarrollaron una escritura pictográfica, destacaron en astronomía y matemáticas, y usaban calendarios complejos para organizar sus actividades.

La lengua de los aztecas era el náhuatl, que se convirtió en la lengua franca de Mesoamérica. Aún hoy se habla en algunas comunidades de México y ha dejado un legado en el español con palabras como «chocolate», «tomate» y «aguacate».

Por último, destaca la **civilización inca**, que desarrolló el imperio llamado *Tahuantinsuyo*, principalmente en los Andes centrales, abarcando territorios que hoy forman parte de Ecuador, Perú, Bolivia, Colombia, Argentina y Chile. Este imperio floreció entre los siglos XIII y XVI d. C.

El gobierno inca se caracterizaba por una estructura dual en la que coexistían dos gobernantes: el *Sapa Inca*, que tenía el control cívico, político, económico, social y militar, y el *Willaq Umu*, que ostentaba el poder sacerdotal. El Sapa Inca era considerado el *Hijo del Sol* y tenía un poder absoluto sobre el imperio, incluyendo la posesión de tierras y la vida de sus súbditos. La sucesión del Sapa Inca no dependía de su descendencia directa, sino de *una elección divina* basada en rigurosas pruebas físicas y morales.

En cuanto a la sociedad, los incas se organizaban en una estructura muy jerarquizada. En la cúspide se encontraba el Sapa Inca, seguido por la nobleza y los jefes locales. La base de la organización social era el *ayllu*, una comunidad extensa formada por familias con un ancestro común. La economía se sustentaba en el trabajo colectivo y la redistribución de recursos, con un sistema de tripartición que dividía la producción en tres partes: una para el Sapa Inca, otra para el culto del Sol y la tercera para la comunidad local.

La economía de los incas se asentaba en un sistema centralizado y basado en la agricultura, con cultivos como el maíz, papas y quinua. La tierra pertenecía al Estado y se distribuía entre las comunidades para su cultivo. El trabajo se organizaba mediante la *mita* (trabajo obligatorio) y sistemas de reciprocidad como el *ayni* y la *minka*. No existían ni la moneda ni los mercados, por lo que el intercambio se basaba en el trueque. La ganadería de camélidos (llamas y alpacas) proporcionaba alimento, lana y transporte. Los incas producían cerámica, textiles y objetos de metal. El Estado acumulaba y redistribuía excedentes, garantizando la seguridad alimentaria y el sostenimiento de grandes proyectos públicos. Los *quipus* se utilizaban para llevar registros económicos. Este sistema permitió al Imperio inca mantener una economía estable y eficiente, sustentando a su población y financiando grandes obras de infraestructura.

En este contexto, destaca el sistema de terrazas agrícolas llamadas *andenes*. Se trataba de plataformas escalonadas, construidas en las laderas de las montañas, que permitían cultivar en zonas normalmente inadecuadas para

 Machu Picchu (Perú).

la agricultura. Estas terrazas controlaban la erosión, mejoraban el manejo del agua, creaban microclimas favorables y permitían diversificar los cultivos a diferentes altitudes. Esta técnica innovadora, junto con sistemas de irrigación avanzados, fue crucial para sostener la gran población del Imperio inca y producir excedentes agrícolas.

La religión era politeísta, con dioses principales como Inti (el Sol) y Pachamama (la Madre Tierra). Las ceremonias y sacrificios eran parte de la vida cotidiana y buscaban mantener el equilibrio cósmico. Culturalmente, los incas destacaron por su impresionante arquitectura, ejemplificada en lugares como Machu Picchu, y por su habilidad en los textiles, la cerámica y la metalurgia. El quechua fue la lengua oficial del imperio y desempeñó un papel crucial en la unificación administrativa y cultural del Tahuantinsuyo, aunque coexistió con otras lenguas.

Edad Moderna

La Edad Moderna es el periodo que se inicia con el descubrimiento de América en 1492 y finaliza con la Revolución francesa en 1789. Durante esta etapa se dieron una serie de transformaciones políticas, culturales y de pensamiento que transformaron profundamente el mundo.

RENACIMIENTO Y HUMANISMO

El periodo comprendido entre los siglos XIV y el XVI, en el que toda Europa experimentó un gran cambio en las formas de pensamiento y organización social respecto a la Edad Media, se denomina **Renacimiento**. Este movimiento representó el renacer del interés por la cultura clásica grecorromana y un florecimiento sin precedentes en las artes, las ciencias y el pensamiento.

Su origen se sitúa en la ciudad de Florencia, bajo el mecenazgo de la poderosa familia Medici. Desde allí, se extendió por toda la península itálica y, posteriormente, por Europa.

En este contexto destaca el **Humanismo**, que supuso la base filosófica e intelectual del Renacimiento. El Humanismo se centró en el antropocentrismo, es decir, en considerar al ser humano como centro de todas las cosas. Esta nueva forma de entender el mundo se alejó de la predominancia religiosa medieval. Entre los humanistas más destacados se encuentran Petrarca y Erasmo de Rotterdam, quienes promovieron el estudio de las humanidades, como la gramática, la retórica, la historia, la poesía y la filosofía moral.

Desde el punto de vista artístico, el Renacimiento buscaba representar la realidad con mayor fidelidad, desarrollando técnicas como la perspectiva y el *sfumato*, además de recuperar elementos de la antigüedad clásica. Figuras como Leonardo da Vinci, Miguel Ángel y Rafael crearon obras maestras que aún hoy nos maravillan. La *Mona Lisa*, el techo de la Capilla Sixtina y *La Escuela de Atenas* son solo algunos ejemplos del esplendor artístico de la época.

La literatura también vivió un renacimiento. Dante Alighieri, con su *Divina Comedia*, sentó las bases para el uso del italiano vernáculo en la literatura. Más tarde, escritores como como William Shakespeare en Inglaterra y Miguel de Cervantes en España elevarían la literatura renacentista a nuevas cotas.

En el ámbito de la ciencia y la filosofía, destacaron personajes como Nicolás Copérnico, que desarrolló la teoría heliocéntrica al afirmar que la Tierra y los demás planetas giraban alrededor del Sol, desafiando las creencias de la época. Por su parte, Galileo Galilei, además de descubrir nuevos cuerpos celestes, también defendió la teoría heliocéntrica, lo que le costó ser juzgado por la Inquisición.

Petrarca (izquierda), pintado por Andrea del Castagno, y Erasmo de Rotterdam (derecha), pintado por Quentin Massys.

En política, pensadores como Nicolás Maquiavelo ofrecieron nuevas perspectivas sobre el gobierno y el poder. Su obra *El Príncipe* sigue siendo estudiada hoy en día por su agudo análisis de la naturaleza humana y la política.

El impacto del Renacimiento se extendió a todos los ámbitos de la sociedad. La educación se transformó con la fundación de nuevas universidades y un mayor énfasis en la formación integral. Un elemento clave para la difusión de estas ideas fue el desarrollo de la imprenta por parte de Johannes Gutenberg, que permitió la publicación masiva de libros y la rápida propagación del conocimiento.

EL DESCUBRIMIENTO DE NUEVOS MUNDOS Y LA EXPANSIÓN COLONIAL

A partir del siglo XV, los europeos emprendieron una serie de exploraciones y descubrimientos geográficos debido a la necesidad de encontrar nuevas rutas comerciales hacia Oriente. Esto les permitiría obtener especias, seda y otros productos valiosos sin depender de intermediarios como el Imperio otomano, que imponía altos precios y peajes. Por otro lado, los grandes avances técnicos permitieron a los marineros europeos realizar viajes más largos y seguros. Entre estos avances destacaron la construcción de un nuevo tipo de barco, la carabela, así como el uso de instrumentos de navegación, como el astrolabio y la brújula.

Un de los primeros países que se aventuraron a la conquista de nuevos territorios fue Portugal. Bajo el liderazgo de Enrique el Navegante, se llevaron a cabo exploraciones en la costa occidental de África, que establecieron pequeños puertos que formaron parte de una nueva ruta marítima hacia la India.

Retrato de Cristóbal Colón en el MET de Nueva York.

España, por su parte, inició su expansión marítima con Cristóbal Colón, quien, financiado por los Reyes Católicos, llegó a lo que hoy conocemos como América, aunque él creía haber encontrado una nueva ruta hacia Asia. El **descubrimiento en 1492 de América** por CRISTÓBAL COLÓN marcó un hito importante en la historia. Después de haber sido rechazado por el rey de Portugal, Colón consiguió que los Reyes Católicos aceptaran su proyecto. Proponía llegar a las Indias Orientales (Asia) por una ruta alternativa navegando hacia el oeste, desafiando la creencia popular de que la Tierra era plana y que terminaba en el cabo de Finisterre. Una vez aceptado el proyecto mediante la firma de las Capitulaciones de Santa Fe, Colón partió del puerto de Palos de la Frontera (Huelva) con tres barcos: la Pinta, la Niña y la Santa María. Después de varios meses de navegación, enfrentando problemas como motines debidos a un error de cálculo en las distancias, llegaron a tierra el 12 de octubre de 1492. Desembarcó en una isla del Caribe a la que llamó San Salvador (actualmente parte de las Bahamas).

Durante el tiempo que permanecieron allí exploraron varias islas, como las Bahamas, Cuba y La Española (actual Haití y República Dominicana). Allí recopilaron información sobre la flora, la fauna y los pueblos indígenas, además de buscar riquezas como oro. También cartografiaron las nuevas tierras, aunque no percibieron que se encontraban

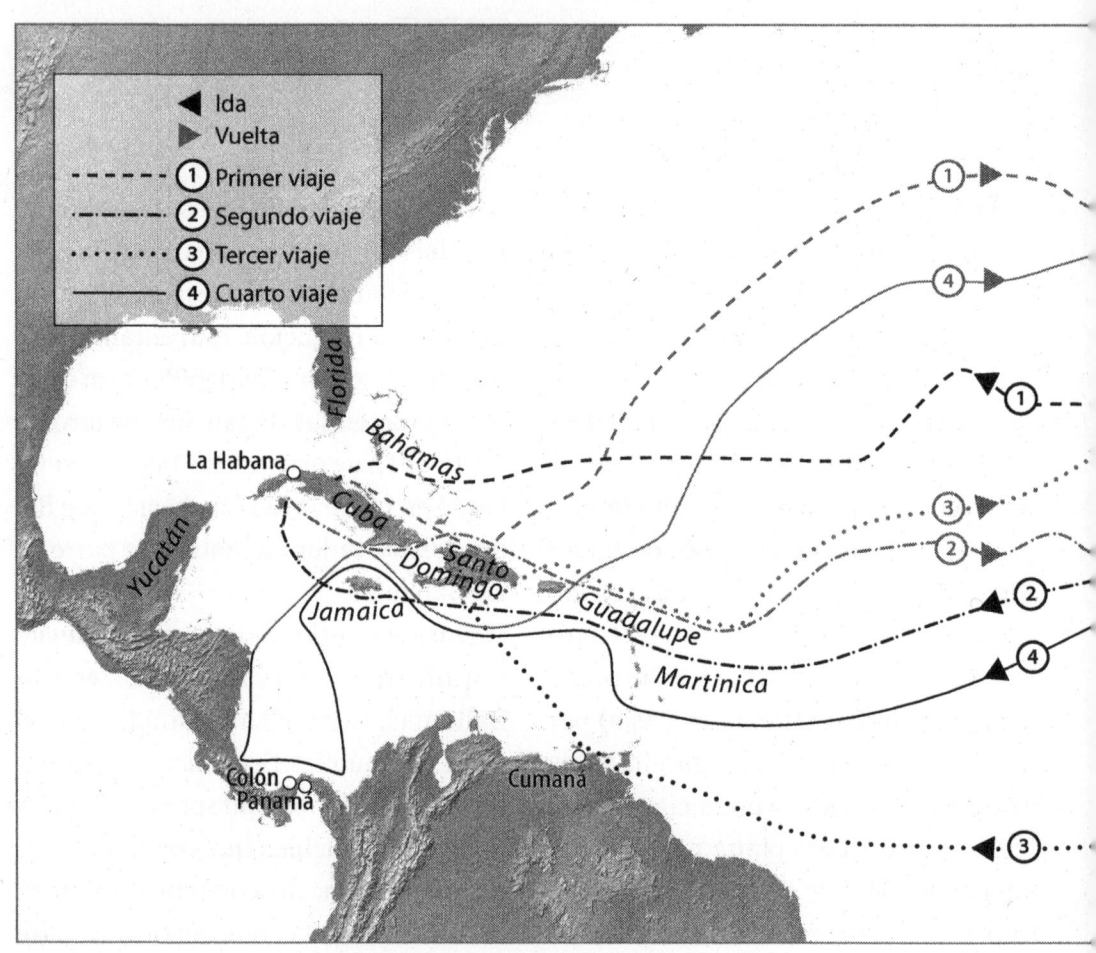

Mapa de los distintos viajes de Cristóbal Colón a América.

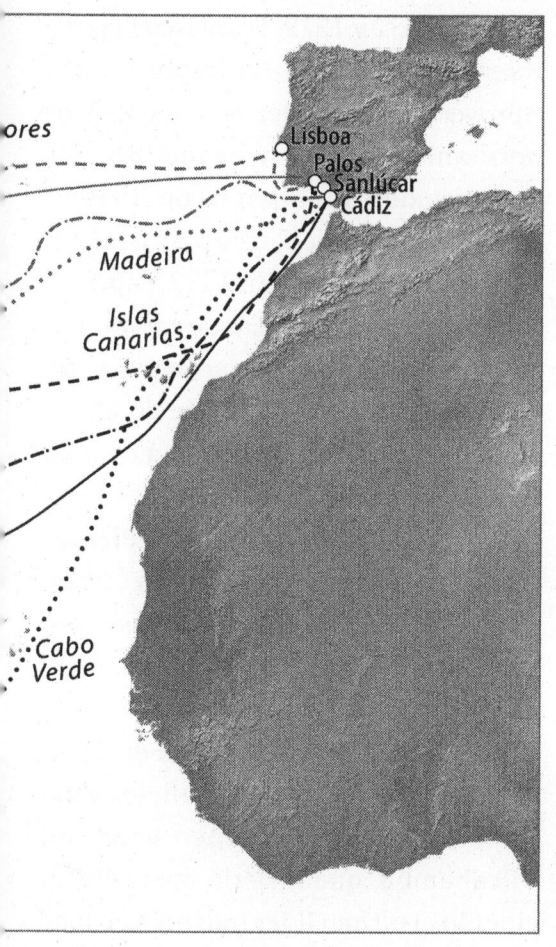

ores

Lisboa
Palos
Sanlúcar
Cádiz

Madeira

Islas
Canarias

Cabo
Verde

en un continente desconocido. Tras el naufragio de la Santa María, establecieron un pequeño asentamiento llamado La Navidad en La Española, donde dejaron a algunos hombres antes de regresar a España.

Entre los años 1492 y 1504, Colón realizó un total de cuatro viajes al Nuevo Mundo. Durante estos, exploró las islas del Caribe y llegó a las costas de América Central y del Sur.

En el contexto de las exploraciones españolas, destaca la primera vuelta al mundo. El explorador portugués Fernando de Magallanes, al servicio de España, emprendió la primera circunnavegación del globo terráqueo en 1519. Aunque murió durante la travesía, su expedición, completada por Juan Sebastián Elcano, demostró la existencia de un gran océano al que se bautizó con el nombre de Pacífico, y confirmó la esfericidad de la Tierra.

El descubrimiento de nuevos territorios llevó a la colonización de vastas áreas en América, África y Asia. España y Portugal se convirtieron en las primeras potencias coloniales, seguidas por otras naciones europeas como Inglaterra, Francia y los Países Bajos.

La **colonización española** incluyó la conquista de grandes imperios indígenas en América, como los azteca e inca.

La conquista del Imperio azteca fue liderada por Hernán Cortés entre 1519 y 1521. La superioridad militar de los españoles, con armas de fuego, caballos y acero, les otorgó una ventaja significativa respecto a los indígenas. Además, Hernán Cortés formó alianzas con los pueblos indígenas enemigos de los aztecas, como los tlaxcaltecas, que le proporcionaron refuerzos. La captura del emperador Moctezuma II desestabilizó al imperio, y tras un prolongado sitio de 75 días, Cortés logró tomar la capital, Tenochtitlán.

Entre 1532 y 1572, Francisco Pizarro lideró la conquista del Imperio inca. Aprovechando la guerra civil entre los hermanos Huáscar y Atahualpa, los conquistadores se aliaron con Huáscar y los partidarios de Cuzco para avanzar hacia la capital inca. En 1532, capturaron a Atahualpa en Cajamarca, tras engañarlo y masacrar a sus acompañantes desarmados. Atahualpa ofreció un fabuloso rescate en oro y plata a cambio de su libertad, pero aun así fue ejecutado en 1533. Posteriormente, Pizarro y sus hombres avanzaron hacia Cuzco, que fue tomada sin mucha resistencia entre 1533 y 1534. Sin embargo, Manco Inca, hermano de Atahualpa y Huáscar, lideró una rebelión en 1536 que casi expulsó a los españoles y estableció un reino independiente en Vilcabamba, que resistió hasta 1572, cuando el último líder indígena, Túpac Amaru I, fue ejecutado.

España también intentó expansionar su influencia en Asia y África. La presencia en territorios africanos como el Sáhara y la colonización de Filipinas en 1565 son ejemplos de esta expansión. En el caso de Filipinas, se estableció un importante centro comercial y religioso que perduró hasta finales del siglo XIX.

El **Reino de Portugal**, que no se quedó atrás respecto a los españoles, comenzó la **colonización** en 1500, cuando Pedro Álvares Cabral llegó a la costa brasileña. Aunque inicialmente no se le dio mucha importancia, Brasil se convirtió rápidamente en un territorio clave para Portugal debido a sus recursos naturales. Ante un posible enfrentamiento entre España y Portugal por los territorios descubiertos, en 1494 se firmó el Tratado de Tordesillas, por el que ambos países se dividieron los territorios que habían descubierto en el Nuevo Mundo. Principalmente consistió en el trazado de una línea imaginaria a 370 leguas al oeste de las islas de Cabo Verde. Los territorios al este de esta línea serían de dominio portugués, mientras que los del oeste serían de España.

Las consecuencias de la colonización fueron devastadoras para las comunidades indígenas. Se destruyeron sus estructuras políticas y sociales, lo que llevó a la pérdida de independencia y autonomía de los pueblos originarios.

Además, hay que añadir el brusco descenso de la población debido a las guerras, a las masacres, a la explotación y, especialmente, a las enfermedades traídas por los europeos, como la viruela y el sarampión. Estas enfermedades devastaron a las comunidades indígenas, que no tenían inmunidad, lo que resultó en la muerte de millones de personas. Se estima que América perdió un 85% de población autóctona después de la conquista. Además, también se destruyeron las culturas indígenas, y se perdieron lenguas, tradiciones, religiones y obras de arte.

Por si fuera poco, durante todo el siglo XVI se sometió a la población a un proceso de evangelización, es decir, se impuso el cristianismo como única religión válida entre los nativos. En este contexto, las órdenes religiosas jugaron un papel crucial en la evangelización y la educación de los pueblos indígenas, lo que llevó a la sustitución de las creencias nativas tradicionales por la fe cristiana. Además, la interacción entre europeos, indígenas y, posteriormente, africanos, dio lugar a un proceso de mestizaje cultural, lo que creó nuevas identidades étnicas y sociales.

Los países europeos que llevaron a cabo la conquista y colonización vieron fortalecida su economía, sobre todo los españoles, y su posición como potencia mundial en los siglos XVI y XVII gracias a la extracción de oro y plata del Nuevo Mundo. Esto impulsó el comercio y el mercantilismo, además de resultar en la difusión del idioma español y de la cultura hispánica en América, que se consolidó como una de las principales lenguas y culturas en el continente.

La conquista de América también facilitó el intercambio de productos entre América y Europa. Llegaron a Europa productos como el maíz, la patata y el cacao. Además, se inició el comercio de esclavos africanos debido a la falta de mano de obra para la explotación de los recursos americanos. En el siglo XVI se inició lo que se ha llamado *comercio triangular*, que conectaba Europa, África y América. Este sistema consistía en la partida de barcos europeos cargados de productos manufacturados, como textiles y armas, que se intercambiaban en la costa africana por esclavos. Estos barcos viajaban a América, donde los esclavos eran vendidos a colonos para trabajar en plantaciones de azúcar, tabaco y en minas. Finalmente, los productos coloniales como el azúcar y el tabaco eran enviados de regreso a Europa.

GRANDES ESTADOS CENTRALIZADOS Y MONARQUÍAS AUTORITARIAS

La evolución política de los estados modernos durante la Edad Moderna fue un proceso transformador que abarcó aproximadamente desde el siglo xv hasta finales del xviii.

El surgimiento del **Estado moderno** se caracterizó por la centralización del poder en manos de los monarcas. Las **monarquías absolutas** se convirtieron en la forma predominante de gobierno, con reyes que reclamaban autoridad por derecho divino. Esta concentración de poder fue respaldada por una creciente burocracia y la consolidación de ejércitos permanentes, lo que permitió a los monarcas ejercer un control más efectivo sobre sus territorios.

El nacionalismo emergente desempeñó un papel clave en este proceso. Los gobernantes fomentaron un sentido de identidad nacional para unificar a sus súbditos, promoviendo lenguas comunes y símbolos nacionales. Esto contribuyó a la formación de estados más cohesionados y a la disminución del poder de la nobleza feudal.

La economía también experimentó cambios significativos. El mercantilismo se convirtió en la doctrina económica dominante, con los estados buscando acumular riqueza a través del comercio y la explotación colonial. La expansión europea en América, África y Asia no solo enriqueció a las potencias coloniales, sino que también alteró el equilibrio de poder global.

REFORMA Y CONTRARREFORMA

Durante la Edad Moderna se produjo un cambio significativo en el ámbito religioso que alteró el orden establecido. Este cambio comenzó en el siglo XVI, cuando Martín Lutero, un monje agustino alemán, cuestionó las bases de la religión cristiana. Lutero crítico las prácticas de la Iglesia publicando *Las 95 tesis* en 1517, que constituyeron una propuesta alternativa. Sus ideas cuestionaban la autoridad papal y abogaban por una relación más directa entre los creyentes y Dios. Nacía de esta manera el **luteranismo**, que se expandió rápidamente por Europa y fomentó el surgimiento de nuevas iglesias cristianas.

Esta nueva religión se basó en principios como *Sola Scriptura*, que afirmaba que la Biblia es la única fuente de autoridad divina. Además, Lutero proclamó la doctrina de la *justificación por la fe sola*, argumentando que la salvación se obtiene únicamente a través de la fe, y no por las obras, los méritos humanos o el pago de indulgencias. Otra idea revolucionaria fue el concepto del *sacerdocio universal de todos los creyentes*, según el cual todos los cristianos tienen acceso directo a Dios. Esta doctrina ponía en jaque a la jerarquía eclesiástica católica y a la autoridad papal.

El luteranismo también simplificó drásticamente la práctica sacramental y rechazó prácticas como la veneración de santos, el culto a la Virgen María y la creencia en el purgatorio.

La propagación fue rápida y profunda, especialmente en el norte de Europa y Escandinavia. La traducción de la Biblia al alemán por Lutero hizo que las Escrituras fueran accesibles al pueblo llano.

A partir del luteranismo surgió el **calvinismo** en el siglo XVI de la mano de Juan Calvino, un teólogo francés que formuló sus ideas en Suiza. Aunque compartía principios con el luteranismo, el calvinismo evolucionó para convertirse en una tradición con sus propias características teológicas y prácticas.

El calvinismo se basa en cinco puntos fundamentales. El principal consis-

Retrato de Martin Lutero pintado por Lucas Cranach el Viejo.

te en la predestinación, según la cual Dios no solo es el creador del universo, sino que también decide activamente quiénes serán salvados y quiénes condenados.

También enfatiza la autoridad suprema de las Escrituras (*Sola Scriptura*) y

Retrato de Enrique VIII en el Museo Thyssen-Bornemisza de Madrid.

la justificación por la fe sola (*Sola Fide*), aunque con interpretaciones más rigurosas y sistemáticas que otras ramas del protestantismo. En la práctica, el calvinismo promovió una ética del trabajo y una disciplina personal que tuvieron un impacto duradero en la cultura occidental.

Su influencia se extendió por Europa, especialmente en Suiza, los Países Bajos, Escocia y partes de Francia. Más tarde, con la colonización europea, el calvinismo se expandió a América del Norte y otras partes del mundo.

Otra de las religiones surgidas durante la Reforma fue el **anglicanismo**. Sus orígenes se remontan al 1534, cuando el rey Enrique VIII rompió con la Iglesia Católica Romana y estableció la Iglesia de Inglaterra como una iglesia nacional independiente.

El anglicanismo mantuvo la estructura católica episcopal con obispos, sacerdotes y diáconos, así como la sucesión apostólica, pero también incorporó principios protestantes como la autoridad de la Biblia y la justificación por la fe.

Ante este gran cuestionamiento religioso, la Iglesia católica respondió con **la Contrarreforma**. El Concilio de Trento (1545-1563) se convirtió en el epicentro de este movimiento, que buscaba reafirmar los dogmas católicos y reformar la institución desde dentro. Esta división religiosa tuvo profundas consecuencias políticas y sociales, y desencadenó conflictos como la guerra de los Treinta Años (1618-1648). En este concilio, la

Iglesia católica reafirmó sus doctrinas fundamentales, clarificó sus posiciones teológicas y estableció una serie de reformas.

Uno de los aspectos más significativos de la Contrarreforma fue su énfasis en la reforma interna de la Iglesia. Se establecieron seminarios para mejorar la formación del clero, se reformaron las órdenes religiosas existentes y se fundaron nuevas órdenes, entre las que destacó la Compañía de Jesús, creada por Ignacio de Loyola. Los jesuitas se convirtieron en la punta de lanza de la Contrarreforma, destacando en la educación, las misiones y la defensa intelectual del catolicismo.

La Iglesia también reforzó sus mecanismos de control y censura. La **Inquisición**, que ya existía, fue fortalecida para combatir la herejía, y se creó el Índice de Libros Prohibidos para controlar la difusión de ideas consideradas peligrosas para la fe católica.

En el ámbito de la evangelización, la Contrarreforma impulsó un gran esfuerzo misionero. Órdenes religiosas como los jesuitas, franciscanos y dominicos llevaron el catolicismo a América, Asia y África, expandiendo la influencia global de la Iglesia.

Durante la Contrarreforma, el arte barroco surgió como forma de propaganda eclesiástica. Este estilo se caracterizó por un gran dramatismo, con el objetivo de conmover a los fieles y reafirmar las doctrinas católicas.

En definitiva, la Contrarreforma logró frenar el avance del protestantismo en algunas regiones de Europa, especialmente en el sur.

GUERRAS DE RELIGIÓN Y OTROS CONFLICTOS

Las guerras de religión en Europa durante la Edad Moderna fueron el resultado de una compleja interacción de factores no solo religiosos, sino también políticos, económicos y sociales. Por lo tanto, debemos buscar las causas de las guerras de religión en la aparición y desarrollo de la Reforma protestante, pero también en las luchas por el poder político. Así, muchos gobernantes, en un contexto de enfrentamientos religiosos, vieron una gran oportunidad para expandir su influencia y control territorial, utilizando la religión como un pretexto.

Otro factor que cabe tener en cuenta es el económico, ya que la posibilidad de expropiar bienes de la Iglesia y dejar de pagar impuestos eclesiásticos motivó a algunos príncipes a apoyar la Reforma protestante. Además, las rutas comerciales y el control de recursos fueron motivos importantes detrás de varios conflictos etiquetados como religiosos.

Los cambios sociales también contribuyeron a generar tensiones. La Reforma coincidió con transformaciones sociales más amplias que generaron conflictos. La movilidad social, el crecimiento de las ciudades y el surgimiento de nuevas clases sociales crearon un caldo de cultivo para el descontento y la violencia.

Por su parte, las rivalidades entre diferentes dinastías se disfrazaban de conflictos religiosos, pero en esencia eran luchas por tener poder e influencia.

En este contexto, la primera guerra considerada de religión fue la guerra de los campesinos alemanes (1524-1525). Pero si hay una guerra que destaca es **la guerra de los Treinta Años** (1618-1648). Comenzó como una disputa religiosa en el Sacro Imperio Romano

Germánico entre católicos y protestantes, pero rápidamente se convirtió en una lucha por el poder político que involucró a la mayoría de las potencias europeas. La guerra, caracterizada por su brutalidad y el uso extensivo de mercenarios, dejó una gran parte de Europa central arrasada. Millones de personas murieron no solo por los combates, sino también por las hambrunas y enfermedades que siguieron.

El conflicto acabó con la **Paz de Westfalia**, firmada en 1648, que redibujó el mapa político en Europa. Mediante este tratado se estableció el principio de soberanía estatal, se reconoció oficialmente el luteranismo y el calvinismo junto al catolicismo en el Sacro Imperio, y marcó el declive del poder de los Habsburgo.

Ya en el siglo XVIII, la **guerra de Sucesión Española**, que tuvo lugar entre 1701 y 1713, fue un conflicto en su origen español, pero involucró a países de toda Europa. La guerra comenzó tras la muerte de Carlos II, el último monarca español de la Casa de Habsburgo, que falleció sin dejar descendencia. En su testamento, Carlos II nombró sucesor a Felipe de Anjou, nieto de Luis XIV de Francia, lo que planteó la posibilidad de una unión entre las coronas de Francia y España bajo la Casa de Borbón.

Esta situación generó preocupación entre las potencias europeas, que temían el desequilibrio de poder que una unión franco-española podría causar. Por ello, se formaron dos bandos principales: el bando borbónico, que apoyaba a Felipe de Anjou (Felipe V) y contaba con el respaldo de Francia y gran parte de Castilla, y el bando austracista, que defendía al archiduque Carlos de Austria, apoyado por la Gran Alianza de La Haya, que incluía a Austria, Inglaterra, Holanda, Portugal y Saboya.

En España, el conflicto se convirtió en una guerra civil. Cataluña, Aragón y Valencia apoyaban al archiduque Carlos, mientras que el resto del país permanecía leal a Felipe V. Pero también en Europa se libraron importantes batallas en territorios de la actual Francia, Bélgica, Alemania e Italia.

La guerra concluyó con la firma del **Tratado de Utrecht** en 1713, mediante el que se reconocía a Felipe V como rey de España, y de este modo se instauró la nueva dinastía Borbón en el país. Sin embargo, España perdió sus posesiones europeas, como los Países Bajos españoles, Nápoles, Cerdeña y el Milanesado. Además, Gibraltar y Menorca pasaron a manos británicas. Este tratado también estableció un nuevo equilibrio de poder en Europa, reduciendo la hegemonía francesa y elevando a Inglaterra como una potencia mundial. Así, la guerra de Sucesión Española no solo resolvió la cuestión de la sucesión al trono español, sino que también reconfiguró el mapa político de Europa y sentó las bases para el desarrollo del Estado centralizado en España.

LA REVOLUCIÓN CIENTÍFICA E INTELECTUAL Y LA ILUSTRACIÓN

Entre los siglos XVI y XVII se produjo un cambio en la interpretación y comprensión del mundo que afectó a áreas como las matemáticas, la física, la astronomía, la biología (incluyendo la anatomía humana) y la química, lo que dio lugar a lo que se conoce como **la Revolución científica.**

Destacan figuras como Nicolás Copérnico, a quien ya hemos mencionado, que propuso la teoría heliocéntrica al sugerir que el Sol es el centro del universo, en contraposición a las ideas defendidas hasta el momento. En esta línea, Galileo Galilei mejoró el telescopio y realizó observaciones astronómicas que respaldaron el heliocentrismo. Además, desarrolló el método científico basado en la observación y experimentación. Por su parte, Johannes Kepler formuló las leyes del movimiento planetario, describiendo las órbitas elípticas de los planetas alrededor del Sol. No podemos pasar por alto a Isaac Newton, quien unificó las ideas de sus predecesores al formular las leyes del movimiento y la ley de la gravitación universal, además de codesarrollar el cálculo diferencial e integral.

El pensamiento filosófico estuvo estrechamente ligado a la Revolución científica. Surgieron nuevas corrientes filosóficas, como el racionalismo y el empirismo, que enfatizaban el papel de la razón y la experiencia en la adquisición del conocimiento. En este contexto, destacaron grandes pensadores como René Descartes, considerado el padre de la filosofía moderna, que estableció las bases del racionalismo con su famosa frase «Pienso, luego existo» y su método de duda sistemática. Francis Bacon, por su parte, promovió el empirismo y el método científico, abogando por un enfoque inductivo en la investigación. John Locke, exponente principal del empirismo británico, desarrolló ideas influyentes sobre la mente humana como una *tabla rasa* y formuló teorías sobre el gobierno y los derechos naturales. Baruch Spinoza propuso un sistema filosófico racionalista y panteísta, argumentando la unidad entre Dios y la naturaleza. Gottfried Wilhelm Leibniz, racionalista alemán, hizo importantes contribuciones a la lógica, la metafísica y la teoría del conocimiento, además de codesarrollar el cálculo infinitesimal. Thomas Hobbes destacó por su teoría del contrato social y su visión materialista de la naturaleza humana.

No fue hasta el siglo xviii, conocido como el **Siglo de las Luces**, cuando surgió un nuevo movimiento intelectual y cultural denominado **la Ilustración**, que cuestionó el pensamiento religioso y cultural de épocas anteriores. Este movimiento se basó en la idea de que la razón es la base del conocimiento y en la necesidad de utilizar el método empírico para la comprensión de la realidad. Este cambio de pensamiento condujo al cuestionamiento de las creencias tradicionales y a una creciente confianza en el progreso humano.

En consecuencia, la Ilustración influyó en múltiples áreas. A nivel político, promovió las ideas de libertad, igualdad y derechos naturales, que inspiraron movimientos revolucionarios como la Independencia de Estados Unidos y la Revolución francesa. En ciencia, impulsó el desarrollo y la innovación científica, mientras que en la educación fomentó la difusión del conocimiento y la idea de una educación universal. La filosofía experimentó el surgimiento de nuevas corrientes de pensamiento basadas en la razón, y las artes vieron el nacimiento del neoclasicismo.

Entre los pensadores más destacados de este periodo se encuentran Voltaire y Montesquieu en Francia, John Locke y David Hume en Inglaterra, Immanuel Kant en Alemania, y Benjamin Franklin y Thomas Jefferson en Estados Unidos. Estos intelectuales, junto con muchos otros, contribuyeron a forjar un nuevo paradigma de pensamiento que valoraba la razón, la libertad y el progreso como pilares fundamentales de la sociedad.

ECONOMÍA Y SOCIEDAD

Durante la Edad Moderna, la economía europea experimentó importantes transformaciones que sentaron las bases del sistema económico moderno. En este periodo, la agricultura continuó siendo la base de la economía, ya que representaba aproximadamente el 80 % de la actividad económica en la mayoría de los países europeos. Se introdujeron mejoras en las técnicas agrícolas y se logró un aumento en la producción para satisfacer la creciente demanda alimentaria derivada del crecimiento demográfico.

Paralelamente, la artesanía tuvo un notable incremento, especialmente en el sector textil.

El comercio, por su parte, vivió un periodo de gran prosperidad. Un factor clave fue el establecimiento de nuevas rutas tras los descubrimientos geográficos del siglo xv, lo que incrementó significativamente los intercambios de productos entre diferentes regiones. Las ciudades, en consecuencia, se convirtieron en centros neurálgicos de la actividad económica al concentrar la producción artesanal y manufacturera, y experimentaron un notable crecimiento en su población. Las ciudades portuarias como Venecia, Amberes y Sevilla se transformaron en centros comerciales clave y se beneficiaron de la expansión del comercio internacional.

En el ámbito financiero, surgieron las primeras sociedades mercantiles y se implementaron prácticas crediticias más avanzadas. En 1661, el Banco de Estocolmo emitió los primeros billetes en Europa.

Además, se estableció el mercantilismo como la doctrina económica predominante, que se basaba en el intervencionismo estatal, en la acumulación de metales preciosos como el oro y la plata, y en el fomento de las exportaciones junto con la restricción de las importaciones para lograr una balanza comercial favorable.

En cuanto a la sociedad, se mantuvo la estructura estamental heredada de la Edad Media. En la parte más alta de la pirámide social se encontraba la nobleza, que disfrutaba de privilegios como la posesión de tierras y la exención de impuestos. Los nobles también tenían la responsabilidad de asistir al rey en el gobierno y, en muchos casos, mantenían su influencia a pesar de la creciente centralización del poder en manos de las monarquías. El clero, otro grupo privilegiado, poseía una gran cantidad de tierras y también estaba exento de pagar impuestos.

En cambio, los no privilegiados eran la mayoría de la población y se componía de la burguesía, los artesanos y los campesinos. La burguesía se dedicaba al comercio, la artesanía y las profesiones liberales, y poco a poco fueron acumulando capital y propiedades, enriqueciéndose y accediendo a cierto poder político local, especialmente en ciudades-Estado como Venecia o Florencia.

Por su parte, los artesanos residían en las ciudades, donde trabajaban en talleres organizados en gremios, y los campesinos, que constituían la base de la pirámide social, trabajaban las tierras de los nobles y la Iglesia, frecuentemente bajo duras condiciones económicas.

ASIA

Mientras Europa transitaba la Edad Moderna, Asia mantuvo su posición como el centro económico del mundo. China, India y Oriente Medio dominaban los mercados internacionales con productos como los textiles indios y las manufacturas chinas, que eran muy demandados en Europa y América.

En China, la **dinastía Ming**, que gobernó desde el siglo XIV hasta el XVII, dio paso a la **dinastía Qing**, que se mantendría en el poder hasta el siglo XX. Durante el gobierno de la dinastía Ming hubo estabilidad política y una gran expansión comercial. Destacan las famosas expediciones navales del almirante Zheng He, que extendieron la influencia china por el sudeste asiático y el océano Índico. Este periodo también vio un florecimiento de las artes, especialmente en la producción de porcelana y pintura, así como la renovación de la Gran Muralla.

La dinastía Qing, que tomó el control del país en 1644, llevó a China a su máxima extensión territorial y a un importante crecimiento demográfico. La economía, basada en una agricultura productiva y en el comercio internacional, también prosperó de forma relevante.

En el ámbito cultural, se lograron avances significativos en literatura y artes.

En Japón, se vivió una transformación marcada por el paso de un periodo de fragmentación a otro de unificación y estabilidad. La **era Sengoku** (1467-1615) estuvo caracterizada por guerras civiles entre señores feudales o daimios.

Este periodo de inestabilidad llegó a su fin con la unificación del país bajo el liderazgo de Tokugawa, y de esta manera se inició la **era Edo** (1603-1868), que fue un periodo de estabilidad política. El sogunato implementó la política de aislamiento nacional, restringiendo el contacto con el exterior. A pesar de esto, o quizás debido a ello, Japón experimentó un notable desarrollo interno. La economía basada en la agricultura y el comercio interior floreció. Además, se desarrolló una importante cultura urbana, que dio lugar a una próspera clase comerciante (*chonin*). Las artes y la literatura experimentaron un auge, y el teatro Kabuki ganó popularidad.

El contacto inicial con Occidente, marcado por la llegada de los portugueses en 1543, introdujo tecnologías como las armas de fuego. Sin embargo, las tensiones religiosas llevaron a la prohibición del cristianismo y a la expulsión de misioneros extranjeros en 1614.

Hacia finales del siglo XVIII, Japón había alcanzado un nivel de desarrollo importante, que se vio reflejado en una alta tasa de alfabetización, una red de transporte eficiente y avances en la agricultura y las manufacturas.

Otra región destacable durante la Edad Moderna fue la India. A finales del siglo XV, los europeos comenzaron a llegar a la India en busca de nuevas rutas comerciales y oportunidades económicas. Los portugueses fueron los primeros en establecer puestos comerciales en la costa india, seguidos por británicos, holandeses y franceses.

Durante gran parte de este periodo, India estuvo bajo el dominio del **Imperio mogol**, una poderosa dinastía musulmana que controló gran parte del subcontinente. Los mogoles establecieron un sistema de gobierno centralizado y promovieron el desarrollo cultural y artístico, dejando un legado perdurable en la arquitectura, la literatura y las artes.

En este contexto, el comercio entre la India y Europa se intensificó. Las especias, textiles y otros productos indios eran muy codiciados en los mercados europeos. Las compañías comerciales europeas, como la Compañía Británica de las Indias Orientales y la Compañía Holandesa de las Indias Orientales, desempeñaron un papel crucial en este intercambio comercial, estableciendo rutas y redes que conectaban la India con Europa y otras partes del mundo.

Sin embargo, la presencia europea alteró gradualmente la economía y la política internas de la India. Las rivalidades entre las potencias europeas por el control del comercio y la influencia política llevaron a conflictos y a cambios en el equilibrio de poder en la región. Hacia finales de la Edad Moderna, el Imperio mogol comenzó a debilitarse, lo que permitió a los británicos expandir su influencia. La Compañía Británica de las Indias Orientales pasó de ser una entidad comercial a ejercer un control político cada vez mayor sobre amplias regiones de la India.

Desde el punto de vista cultural, la intensificación de las relaciones entre India y Europa generó importantes intercambios. Aunque las religiones tradicionales como el hinduismo y el islam siguieron siendo las dominantes, el cristianismo comenzó a ganar algunos adeptos. Durante este periodo, India continuó siendo un centro de innovación en campos como las matemáticas, la astronomía y la medicina. Sin embargo, la influencia europea también introdujo nuevas tecnologías y conceptos que empezarían a transformar el subcontinente.

ÁFRICA

Como hemos visto, las expediciones de los europeos a partir del siglo xv afectaron profundamente al continente africano. Durante este periodo se establecieron las primeras colonias europeas: Portugal se asentó en Angola y Mozambique, los holandeses, en el Cabo de Buena Esperanza, y Francia inició la colonización de Argelia.

Otro aspecto remarcable fue el comercio de esclavos, que formaba parte del comercio triangular. Este sistema consistía en el intercambio de bienes manufacturados por esclavos en las costas africanas. Los esclavos, capturados y forzosamente transportados en condiciones inhumanas, eran vendidos en América. Allí, los comerciantes europeos adquirían materias primas como azúcar, café, algodón o tabaco, que luego se vendían en Europa. Como resultado, millones de africanos, principalmente jóvenes en edad productiva, fueron capturados y transportados forzosamente a América para trabajar en plantaciones y minas.

Las consecuencias de este comercio fueron devastadoras para África. Se produjo una pérdida de población muy importante en muchas regiones africanas, lo que alteró profundamente la estructura social de las comunidades afectadas.

Este sistema no solo despobló regiones enteras, sino que también desestabilizó las estructuras políticas y económicas de muchas sociedades africanas. Fomentó conflictos internos, debilitó los sistemas de gobierno existentes y distorsionó las economías locales, que se volvieron dependientes de este comercio inhumano.

Mientras África sufría estas consecuencias devastadoras, Europa se beneficiaba enormemente. Las ganancias derivadas del comercio de esclavos y la explotación de las colonias americanas contribuyeron al desarrollo económico europeo, creando una brecha de riqueza y poder que persistiría durante siglos.

Cabe señalar que los africanos no fueron pasivos ante estos cambios. Muchos estados resistieron activamente la intrusión europea, otros buscaron adaptarse y beneficiarse del nuevo comercio, y algunos, como Etiopía, lograron mantener su independencia a lo largo de todo este periodo.

Edad Contemporánea

El inicio de la **Revolución francesa** en 1789 supuso el comienzo de la Edad Contemporánea, ya que provocó una serie de cambios estructurales a nivel social y político.

Según muchos historiadores, esta etapa sigue vigente, es decir, todavía no se ha determinado su fin.

INDEPENDENCIA AMERICANA (1775-1783)

La colonización del continente americano comenzó prácticamente desde su descubrimiento en el siglo xv. En América del Norte se establecieron trece colonias gobernadas por Gran Bretaña.

En 1775, estalló un conflicto en la colonia de Boston a causa de tensiones entre los colonos y el gobierno británico. Entre las principales causas estaban la imposición de nuevos impuestos, la falta de representación en el Parlamento inglés,

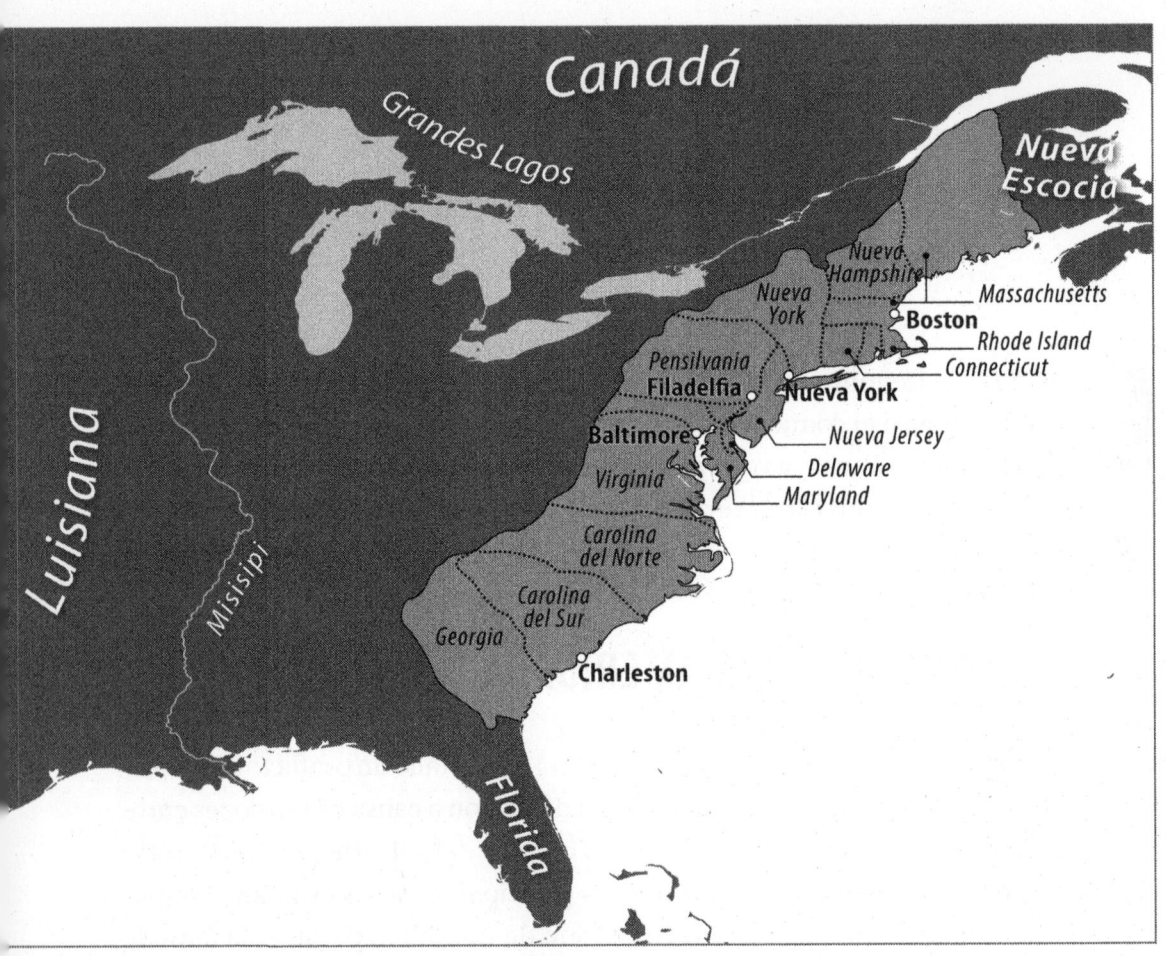

Mapa de las primeras trece colonias inglesas en América del Norte.

la ocupación militar y los frecuentes incidentes violentos. La lucha de las colonias fue liderada por el militar George Washington, quien buscaba mejorar sus relaciones con la Corona británica.

Un acontecimiento clave en este proceso fue la aprobación de la **Declaración de Independencia**, el 4 de julio de 1776, redactada por Thomas Jefferson, quien posteriormente fue presidente de los Estados Unidos. Con esta declaración, las colonias se autodefinieron como trece nuevos estados soberanos e independientes, y rompieron de esta manera sus vínculos políticos con Gran Bretaña.

La guerra continuó hasta 1781, cuando las milicias americanas derrotaron al ejército británico en la batalla de Yorktown. Finalmente, en 1783 se firmó el Tratado de París, que selló la paz definitiva entre Gran Bretaña y los Estados Unidos. Nacía de esta manera un gobierno republicano y federal, que garantizaba derechos básicos inspirados en las ideas de la Ilustración.

La independencia de las colonias americanas se convirtió en un referente tanto para la Revolución francesa como para los movimientos de independencia de las colonias hispanoamericanas.

REVOLUCIÓN FRANCESA (1789-1799)

La Revolución francesa fue un movimiento que surgió como respuesta a una serie de problemas que afectaban a la población francesa desde mucho tiempo atrás.

Un factor que contribuyó al estallido de la revolución fue la profunda desigualdad social, marcada por la división en tres estamentos: el clero, la nobleza y el tercer estado, que representaba a más del 90% de la población. La situación generó un creciente descontento, ya que el tercer estado carecía de derechos políticos y soportaba la mayor carga fiscal. Además, la crisis económica, agravada por el gasto excesivo de la monarquía y la falta de reformas fiscales, intensificó la frustración entre las clases más bajas, especialmente debido a la escasez de alimentos y al aumento de precios. A todo ello se sumaron las nuevas ideas de la Ilustración, que promovían la libertad, la igualdad y la fraternidad, e inspiraron a los revolucionarios, quienes cuestionaban los privilegios de la nobleza y el clero. El descontento hacia la monarquía, personificada en un Luis XVI percibido como débil, y la extravagancia de la corte, aumentaron el rechazo popular hacia el régimen. Por último, el ascenso de la burguesía, que había alcanzado una posición económica importante durante los siglos anteriores pero sin ninguna influencia política, impulsó la demanda de cambios que permitieran su acceso al poder.

Uno de los hechos que marcó el punto de partida fue la **toma de la Bastilla**, el 14 de julio de 1789, por parte del pueblo, como respuesta a la opresión de la monarquía. A partir de este momento, se convocaron los Estados Generales, donde se abolieron los privilegios feudales y se proclamó la **Declaración de los Derechos del Hombre y del Ciudadano**. Se iniciaba de esta manera la primera etapa de la revolución: la **Asamblea Nacional Constituyente** (1789-1791).

A continuación, durante la **Asamblea Legislativa y la monarquía constitucional** (1791-1792), se estableció una monarquía que limitaba el poder del rey Luis XVI, aunque las tensiones internas y externas comenzaron a aumentar.

En la tercera etapa de la revolución, la **Convención Nacional** (1792-1795), se abolió la monarquía, y se proclamó así la **Primera República Francesa**. Este periodo se caracterizó por el terror, ya que miles de personas, incluidos Luis XVI y María Antonieta, fueron ejecutadas en la guillotina.

Posteriormente, durante el **Directorio** (1795-1799) se instauró un gobierno que, aunque moderado, resultó ineficaz y corrupto, enfrentando constantes conflictos internos.

La revolución llegó a su última fase con el **periodo del Consulado** (1799-1804), tras el golpe de Estado de Napoleón Bonaparte, quien estableció un nuevo régimen y marcó el fin de la revolución, dando inicio al **Imperio napoleónico**.

Aunque se intentó reestablecer el orden del Antiguo Régimen después de la revolución, las ideas de libertad, igualdad y derechos humanos habían calado profundamente en la sociedad, con lo que inspiraron otras revoluciones a lo largo de todo el siglo xx.

PRIMERA Y SEGUNDA REVOLUCIÓN INDUSTRIAL (1760-1914)

La primera Revolución Industrial se produjo entre 1760 y 1840 y consistió en una serie de cambios innovadores que transformaron profundamente la economía, la sociedad y la tecnología en Europa y América.

El origen de esta revolución se encuentra en la Gran Bretaña de finales del siglo XVIII. En primer lugar, se produjo un crecimiento demográfico debido a la reducción de la mortalidad y al mantenimiento de una elevada tasa de natalidad. Las mejoras en las condiciones de vida, en la higiene, en la alimentación y en la salud permitieron reducir la mortalidad, especialmente la infantil, así como el impacto de epidemias y enfermedades infecciosas. Además, la ausencia de control de natalidad, la necesidad económica de mano de obra, los valores culturales y la falta de educación sexual mantuvieron las tasas de natalidad en niveles altos.

Por otro lado, las transformaciones en el sector agrícola también influyeron en la Revolución Industrial. Se introdujeron innovaciones como el sistema Norfolk en la rotación de cultivos que permitió el aprovechamiento del 100% de la tierra, lo que aumentó la productividad. Además, se desarrollaron nuevas herramientas agrícolas, como el arado Roterham y las segadoras, que facilitaban la labranza de la tierra y la siembra más eficiente. Asimismo, se utilizaron abonos naturales que enriquecían el suelo.

También se produjo la concentración de tierras en manos de grandes propietarios. Esto, junto con el desplazamiento de pequeños agricultores hacia las ciudades, provocó una reorganización en la estructura de tenencia de la tierra.

Sin duda, uno de los avances más importantes fue la invención y mejora de la máquina de vapor, que marcó el inicio de la mecanización de la producción y el transporte. El primer sector en mecanizarse fue la industria del algodón, con innovaciones como la lanzadora volante, las nuevas máquinas de hilar y el telar mecánico. Estas mejoras aumentaron la producción con un menor uso de mano de obra.

Otro de los sectores clave durante la Revolución Industrial fue la industria siderúrgica. Se consiguieron avances en la fundición de hierro gracias al uso de carbón de coque en lugar del carbón vegetal, lo que liberó a la siderurgia de su dependencia de los bosques y permitió aumentar la producción. Más adelante, la aplicación de la máquina de vapor eliminó la necesidad de ubicar las siderurgias cerca de cursos de agua. Por último, el sistema de pudelado y laminación mejoró considerablemente la calidad del hierro. Estas innovaciones multiplicaron la capacidad productiva por diez, y redujeron de forma notable el precio del hierro.

En paralelo, se produjeron transformaciones en el transporte gracias a la máquina de vapor. En el transporte terrestre, surgió el ferrocarril, mientras que en el marítimo apareció el barco de vapor, lo que mejoró la capacidad y la rapidez del transporte de mercancías y personas.

Una de las consecuencias económicas de la Revolución industrial fue el surgimiento del capitalismo industrial, un sistema basado en la propiedad privada de los medios de producción y la búsqueda de beneficios. Los empresarios burgueses se convirtieron en los dueños de las fábricas y del capital, mientras que los trabajadores se transformaron en el proletariado industrial, vendiendo su fuerza de trabajo a cambio de un salario.

La Revolución Industrial también desencadenó un crecimiento económico sin precedentes, con un aumento sustancial de la producción y la riqueza para ciertos sectores de la sociedad. Asimismo, se crearon grandes mercados nacionales e internacionales que fomentaron el comercio, aunque también generaron desequilibrios y dependencias económicas.

A nivel social, surgió una sociedad de clases, basada en la contraposición entre la burguesía, propietaria de los medios de producción, y el proletariado, que vendía su fuerza de trabajo a cambio de un salario. Esta nueva situación implicó que los obreros de las fábricas trabajaran en unas condiciones laborales pésimas, como jornadas de más de doce horas, falta de seguridad e higiene, trabajo infantil, salarios muy bajos y discriminación salarial entre hombres y mujeres y niños. Con la mecanización del campo, millones de campesinos migraron a las ciudades en busca de trabajo en las fábricas, lo que los llevó a residir en viviendas pequeñas y precarias donde vivían hacinados.

Esta terrible situación de los trabajadores generó protestas y movimientos de resistencia que llevaron a la aparición de las primeras organizaciones obreras, como sindicatos y partidos políticos, con el fin de defender sus intereses.

Desde mediados de siglo xix hasta 1914 tuvo lugar la Segunda Revolución Industrial. En este caso, el desarrollo se ubicó en países como Alemania,

Francia, Bélgica, Rusia, Estados Unidos y Japón.

Las nuevas fuentes de energía, como la electricidad y el petróleo, fueron reemplazando a las máquinas de vapor. También se mejoraron los procesos de producción de materiales como el acero, el aluminio y el caucho, haciéndolos más económicos y accesibles, lo que a su vez permitió el desarrollo de nuevas industrias.

Uno de los cambios más importantes fue la introducción de la cadena de montaje y la producción en serie, que revolucionaron la organización del trabajo y consiguieron un aumento de la productividad.

En el ámbito del transporte y las comunicaciones, se produjo una expansión masiva de las redes ferroviarias, la invención y desarrollo del automóvil y el avión, así como avances significativos en las telecomunicaciones con la introducción del telégrafo, el teléfono y la radio.

En consecuencia, la productividad de las fábricas aumentó exponencialmente, lo que llevó a un crecimiento económico acelerado y a la expansión del capitalismo a escala mundial. En este contexto, se produjo una importante migración de trabajadores del campo a la ciudad, en busca de trabajo como mano de obra.

IMPERIALISMO

Durante el último tercio del siglo XIX tuvo lugar una expansión territorial sin precedentes por parte de las potencias europeas por los continentes africano y asiático.

Las causas de este fenómeno se deben buscar en el crecimiento de la población derivado de la Revolución Industrial y, en consecuencia, en la necesidad de abrir nuevos mercados para colocar las manufacturas europeas, así como en la búsqueda de materias primas. Los avances tecnológicos en el transporte y el armamento, la competencia política entre las potencias europeas, la ideología de superioridad occidental y la *misión civilizadora*, que justificaba la intervención en otros lugares del mundo, fomentaron la búsqueda y colonización de nuevos territorios.

Países europeos como el Reino Unido, Francia, Alemania, Bélgica, Italia y los Países Bajos ocuparon y colonizaron extensos territorios en África y Asia, creando así vastos imperios coloniales.

Como consecuencia de esta expansión imperialista, se produjeron cambios significativos tanto en las colonias como en las metrópolis. Desde el punto de vista demográfico, aunque en general la población aumentó por las mejoras en la higiene, en algunas regiones se registraron reducciones drásticas de la población autóctona, ya sea por la introducción de enfermedades desconocidas o por el reemplazo directo por colonos extranjeros.

En el ámbito económico, las colonias se convirtieron en proveedoras de materias primas y mercados cautivos para las industrias de las metrópolis europeas. Como resultado, pasaron de economías agrícolas autosuficientes a sistemas de monocultivo orientados a la exportación. Este proceso

Mapa del imperialismo europeo hacia el año 1900.

transformó profundamente el paisaje y el medio ambiente natural de las colonias, y provocó la ruina de las artesanías locales.

A nivel social, se introdujo una burguesía procedente de las metrópolis que ocupó los estratos altos y medios en la colonia, mientras que la población autóctona quedó relegada a los estratos más bajos de la sociedad, como mano de obra barata.

Políticamente, el grado de dependencia de las colonias respecto a las metrópolis estuvo determinado por el tipo de organización administrativa impuesta. Esto generó conflictos y movimientos antiimperialistas, liderados por las clases medias nativas occidentalizadas que demandaban respeto por las tradiciones locales y mayor participación en las decisiones que les afectaban.

En el ámbito cultural, el imperialismo supuso la imposición de las lenguas de las metrópolis (inglés, francés, etc.), de su religión, educación y mentalidad, sin tener en cuenta las culturas locales.

Desde una perspectiva geopolítica, la creación de fronteras artificiales durante el periodo colonial generó innumerables conflictos étnicos y tribales que persisten hasta la actualidad. Estas fronteras alteraron profundamente los mapas políticos y provocaron tensiones raciales en muchas regiones.

Finalmente, cabe destacar que el imperialismo también tuvo un impacto devastador en los ecosistemas naturales de las colonias. La introducción de nuevos métodos agrícolas, nuevas especies animales y nuevos vegetales, junto con la sobreexplotación de recursos, causaron la destrucción de ecosistemas frágiles, la deforestación masiva, la contaminación de ríos y la extinción de especies endémicas, dejando una huella ambiental duradera.

PRIMERA GUERRA MUNDIAL (1914-1918)

La Gran Guerra, o Primera Guerra Mundial, fue un conflicto que involucró a países del continente europeo y a varias naciones de Asia, África, América y Oceanía.

Las causas de este importante conflicto del siglo xx fueron diversas. En primer lugar, el sistema de alianzas establecido durante el siglo anterior dividió las potencias europeas en dos bloques principales. Por un lado, la Triple Entente, conformada principalmente por Francia, el Reino Unido y Rusia; y, por otro, la Triple Alianza, compuesta básicamente por Alemania y Austria-Hungría. Estas alianzas generaron un entorno tenso y propenso a la escalada de conflictos.

A esta situación se añadió el nacionalismo exacerbado de las diferentes potencias, que incrementó las tensiones entre diferentes grupos étnicos y nacionales que buscaban la independencia o la unificación.

Además, el imperialismo y la rivalidad colonial entre las potencias europeas provocaron conflictos de intereses, especialmente en África y Asia, donde la competencia por las colonias y los recursos era intensa.

Otro factor determinante fue la carrera armamentística. Los países europeos fueron acumulando grandes arsenales militares y navales, lo que aumentó las tensiones y creó un clima propicio para el estallido de la guerra. Este periodo se conoce como la **Paz Armada**.

Por último, las tensiones en los Balcanes, exacerbadas por las luchas por la independencia en la región, crearon las condiciones ideales para que estallara el conflicto. No obstante, el detonante fue el asesinato del archiduque Francisco Fernando de Austria-Hungría, en Sarajevo, el 28 de junio de 1914, que desató una crisis diplomática a gran escala. El Imperio austrohúngaro declaró la guerra a Serbia, activando las alianzas establecidas. Como consecuencia de ello, Rusia se movilizó para defender a Serbia, Alemania declaró la guerra a Rusia e invadió la neutral Bélgica para atacar Francia, y el Reino Unido y Francia declararon la guerra a Alemania y a Austria-Hungría.

La Primera Guerra Mundial se desarrolló en varias fases entre 1914 y 1918. Comenzó con una **guerra de movimientos** (agosto-noviembre de 1914), cuando Alemania intentó una rápida victoria sobre Francia mediante el Plan Schlieffen, que fracasó tras la batalla del Marne. Esto llevó a la fase más larga del conflicto: la **guerra de trincheras** (noviembre de 1914 - marzo de 1918), caracterizada por batallas de desgaste con enormes pérdidas humanas. Durante este periodo, el conflicto se extendió a otros frentes, como el oriental, el italiano y los Balcanes. La entrada de nuevos países, como Italia en 1915 y Estados Unidos en 1917, cambió el equilibrio de fuerzas. Por su parte, Rusia, tras la Revolución bolchevique, decidió abandonar la guerra.

Finalmente, las fallidas ofensivas alemanas de 1918 y las exitosas

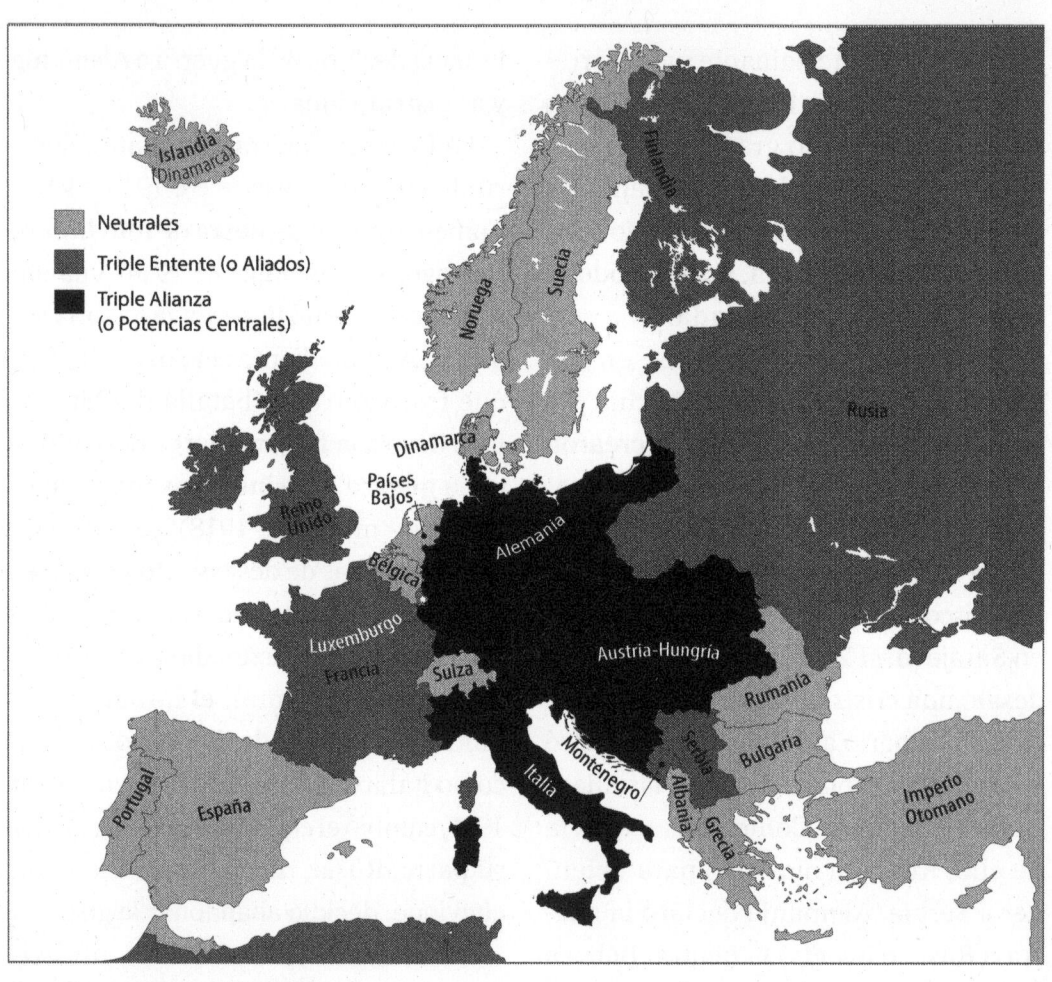

Neutrales

Triple Entente (o Aliados)

Triple Alianza (o Potencias Centrales)

Islandia (Dinamarca)

Noruega

Suecia

Finlandia

Rusia

Dinamarca

Países Bajos

Reino Unido

Bélgica

Alemania

Luxemburgo

Austria-Hungría

Rumanía

Francia

Suiza

Serbia

Bulgaria

Montenegro

Albania

Italia

Grecia

Imperio Otomano

Portugal

España

Alianzas en Europa en 1914.

Mapa de Europa después de los tratados de paz de la Primera Guerra Mundial.

contraofensivas aliadas llevaron al **armisticio del 11 de noviembre de 1918**. El conflicto comenzó con movimientos rápidos y evolucionó hacia una guerra de desgaste, hasta culminar con el agotamiento de las Potencias Centrales y la victoria de los Aliados.

Las consecuencias de la Primera Guerra Mundial fueron devastadoras. Aproximadamente 9 millones de soldados y 7 millones de civiles perdieron la vida, además de 6 millones de personas fallecidas por hambre y enfermedades. Más de 20 millones resultaron heridas.

El conflicto también significó la reconfiguración del mapa político, con el colapso de imperios (como el austrohúngaro, el otomano y el ruso) y la creación de nuevos países y fronteras.

Asimismo, la guerra también supuso el fortalecimiento de los Estados Unidos como potencia emergente, gracias a su participación económica y militar. Además, se creó la **Sociedad de Naciones** como organización para prevenir futuros conflictos internacionales.

Se firmaron diferentes tratados de paz, de entre los que cabe destacar el **Tratado de Versalles** (1919), que estableció duras condiciones de rendición para Alemania, incluyendo reparaciones económicas y la culpabilización por la guerra, que generó un sentimiento de humillación entre los alemanes que tuvo sus consecuencias más adelante.

REVOLUCIÓN RUSA

A principios del siglo xx, Rusia era un estado predominantemente rural con un alto porcentaje de campesinos sin tierra y empobrecidos, aunque empezaban a instalarse algunas industrias pesadas y se estaba construyendo el ferrocarril. En el ámbito político, el país estaba gobernado por el **zar Nicolás II**, que representaba una **autocracia**. No obstante, existía el parlamento (Duma), aunque con poderes muy limitados. Esta situación, propia de siglos anteriores y por lo tanto desfasada, dio origen a la formación de una oposición constituida por diversas fuerzas políticas. Por un lado, la burguesía; por otro lado, los campesinos; y por otro, los obreros (mencheviques y bolcheviques).

En este contexto, tuvo lugar la revolución de 1905, motivada por el descontento generado por la participación de Rusia en la guerra contra Japón y por la gran crisis económica que atravesaba el país. Como respuesta, se celebró una manifestación frente al Palacio de Invierno en San Petersburgo, a la que el gobierno del zar respondió con una violenta represión que pasó a la historia como **el Domingo Sangriento**, y dio lugar a más protestas y huelgas por todo el país. Además, surgieron los sóviets, que eran asambleas de obreros y campesinos destinadas a coordinar las protestas y las huelgas.

Esta situación obligó al zar a aceptar el manifiesto imperial mediante el que reconocía la elección de la Duma por sufragio universal. Pero pronto se demostró que el zar hacía caso omiso de lo que había prometido.

A esta situación se añadió la participación de Rusia en la Primera Guerra

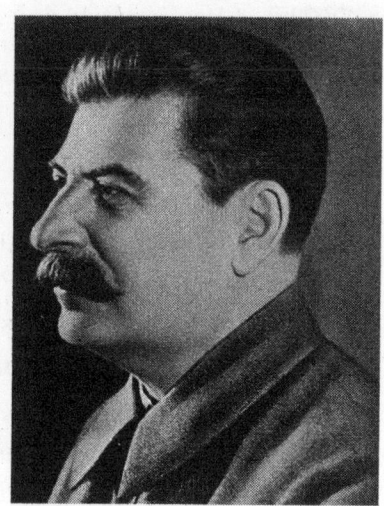

Vladimir Lenin (izquierda) e Iósif Stalin (derecha), los dos grandes líderes de la Rusia soviética.

Mundial. Las derrotas añadieron más malestar entre la población, lo que se tradujo en más manifestaciones y huelgas duramente reprimidas.

La revolución de 1917 empezó con una manifestación el 23 de febrero, que desembocó en una huelga general y en diversas revueltas. La gran novedad en esta ocasión fue que, al recibir la orden de disparar contra los manifestantes, los soldados se negaron a cumplirla. Días después, el 27 de febrero, se formó un **gobierno provisional con Aleksandr Fiódorovich Kerenski** a la cabeza que pretendió instaurar un gobierno liberal. Este hecho provocó la abdicación del zar.

Sin embargo, el gobierno liberal no tenía autoridad en todo el territorio y fue derrocado por los bolcheviques en

Manifestación de febrero de 1917 que marcó el inicio de la Revolución rusa.

octubre del mismo año. Liderados por **Vladimir Lenin**, los bolcheviques tomaron el poder con el asalto al Palacio de Invierno. Una de las primeras medidas que tomó el nuevo gobierno fue la firma del Tratado de Brest-Litovsk, mediante el cual Rusia se retiró de la Primera Guerra Mundial en 1918. Además, se procedió a la nacionalización de las fábricas y las tierras, a la creación de un ejército rojo y a la formación de una república de sóviets.

La oposición al nuevo gobierno bolchevique de Lenin era intensa. Es por ello por lo que estalló una guerra civil en la que se enfrentaron, por un lado, el Ejército Rojo, que representaba las fuerzas armadas del nuevo gobierno revolucionario bolchevique, y, por otro lado, el Ejército Blanco, que agrupaba a diferentes fuerzas de oposición al régimen bolchevique, incluyendo conservadores, liberales, monárquicos, socialistas mencheviques y socialistas revolucionarios.

Durante la guerra, los bolcheviques establecieron una política económica para mantener el país en ruinas denominada *comunismo de guerra*. Esta política consistió en el requisamiento forzado de grano a los campesinos, la nacionalización de la industria y la eliminación del mercado, lo que produjo inflación y escasez, además de una fuerte represión estatal. Todo ello desembocó en importantes huelgas y manifestaciones.

Una vez finalizada la guerra y con la victoria de los bolcheviques se adoptó una nueva política económica para reestablecer la economía. En **1922**, nacía la **URSS (Unión de Repúblicas Socialistas Soviéticas)** junto a su constitución. A pesar de ello, solo existía un partido único, el Partido Comunista de la Unión Soviética (PCUS), liderado por Lenin que, a su muerte en 1924, fue sustituido por Stalin.

CRACK DEL 29

Durante el periodo de entreguerras (entre la Primera y la Segunda Guerra Mundial) tuvieron lugar una serie de transformaciones económicas en los Estados Unidos y en Europa.

Los felices años veinte arrancaron dejando atrás una guerra mundial en la que se habían visto involucrados muchos países. Estados Unidos, como gran proveedor durante la guerra y en la reconstrucción posterior, además de ser uno de los países vencedores, experimentó un notable crecimiento en la producción industrial y en las exportaciones. Así, se desarrollaron nuevas industrias, como la automovilística, que, gracias a nuevos sistemas de producción como el fordismo y el taylorismo, consiguió que los automóviles fueran más asequibles para la población general. Otros sectores que recibieron un gran impulso fueron el de la electricidad, el teléfono, los electrodomésticos (se popularizaron objetos como los frigoríficos o la radio), la química y la aeronáutica. El sistema de producción en masa permitió aumentar la producción sin necesidad de aumentar significativamente el número de trabajadores, lo que generó un incremento en los beneficios no solo para los empresarios, sino también para muchos trabajadores. Los salarios en el sector de la industria crecieron un 26%.

Un elemento clave en este crecimiento fue el consumo de masas, que se impulsó a partir de la publicidad y de la facilidad para comprar bienes. Además de contar con mejores salarios, los trabajadores se beneficiaron de sistemas como el pago a plazos y la concesión de créditos, lo que les permitió adquirir objetos que estaban de moda. Este aumento en el consumo fomentó un mayor nivel de producción, con sus consecuentes beneficios para los empresarios.

Sin embargo, no todos los sectores de la economía estadounidense experimentaron el mismo crecimiento. Un sector tan tradicional como el agrícola consiguió aumentar la producción, pero este incremento no estuvo acompañado por un crecimiento equivalente en la demanda, lo que se tradujo en una generación de excedentes que provocaron la caída de los precios. A esto se le sumó el estancamiento de otras industrias tradicionales (carbón, textil, siderúrgica y naval).

La capacidad de consumo también se vio afectada. En el campo, los agricultores estaban endeudados. Solo crecieron los salarios en algunos ámbitos industriales, pero esto no fue suficiente para compensar el deterioro económico en otras áreas.

También hay que considerar el estancamiento del consumo mundial y la aplicación de tasas aduaneras en las importaciones.

Por otro lado, la especulación financiera, especialmente en el mercado de valores, creció de manera descontrolada. Muchos inversores compraban acciones a crédito, esperando obtener ganancias rápidas. Cuando esta burbuja finalmente estalló en octubre de 1929, provocó el pánico masivo y la venta generalizada de acciones. Es lo que se ha denominado **Crack del 29**.

El colapso del mercado de valores reveló problemas estructurales en la economía. En primer lugar, existía una sobreproducción industrial: las fábricas producían más de lo que el mercado podía absorber. Además, había una marcada desigualdad en la distribución de la riqueza. Mientras la producción crecía, los salarios no aumentaban al mismo ritmo, lo que limitaba la capacidad de consumo de una gran parte de la población.

Otro factor crucial fue la dependencia excesiva del crédito. Tanto consumidores como empresas se apoyaron en

Multitud preocupada frente a Wall Street durante el Crack de 1929.

préstamos, lo que creó una situación financiera insostenible. Cuando el mercado colapsó, muchas personas y negocios no pudieron pagar sus deudas, lo que a su vez provocó una crisis en el sistema bancario.

Las consecuencias del Crack del 29 fueron devastadoras. Entre 1929 y 1932, la bolsa perdió aproximadamente el 80% de su valor. Se produjo una crisis de confianza que afectó al consumo y a la inversión. Las quiebras bancarias se multiplicaron, paralizando el crédito y la inversión. El desempleo aumentó de forma drástica, y miles de empresas cerraron.

Se iniciaba así la **Gran Depresión**, una crisis económica global que se prolongó hasta finales de la década de 1930. En Estados Unidos, el presidente Franklin D. Roosevelt implementó el *New Deal*, un conjunto de reformas financieras y proyectos de obras públicas diseñado para proporcionar ayuda, recuperación y reforma a la economía estadounidense.

A nivel internacional, muchos países abandonaron el patrón oro como respuesta a la crisis. Gran Bretaña lo hizo en 1931, lo que le permitió una mayor flexibilidad en su política monetaria. Esta tendencia se extendió a otros países y marcó un cambio significativo en el sistema monetario global.

Una característica común en muchas naciones fue una política intervencionista, que supuso aumentar el gasto público y regular diversos aspectos de la actividad económica en un intento por estimular la recuperación.

Sin embargo, la recuperación económica fue un proceso lento y desigual. Mientras algunos países comenzaron a mostrar signos de mejora a mediados de la década de 1930, otros, como Alemania, no experimentaron una recuperación consolidada hasta más tarde.

TOTALITARISMOS:
FASCISMO, NAZISMO Y ESTALINISMO

Los totalitarismos del siglo xx se caracterizaron por ser sistemas con control absoluto sobre la sociedad y el individuo. Estos compartían rasgos comunes, como el partido único, el culto al líder, la supresión de libertades individuales y el uso extensivo de la propaganda y la represión.

El **nazismo** dominó Alemania entre 1933 y 1945 bajo el liderazgo de **Adolf Hitler.** En su esencia, se basó en un totalitarismo extremo que concentró todo el poder en la figura del Führer (guía) y el Partido Nazi, eliminando cualquier forma de oposición política. Este control absoluto se extendía a todos los aspectos de la sociedad, incluyendo la cultura, la economía y la educación. Un pilar fundamental de la ideología nazi fue el racismo y el antisemitismo, sustentado en la creencia de la superioridad de la raza aria. Esto derivó en la persecución sistemática de los judíos y otros grupos considerados *inferiores*, que culminó en el Holocausto. Para mantener y propagar su ideología, el régimen utilizó extensivamente la propaganda y el adoctrinamiento. El militarismo y el expansionismo territorial fueron otras características clave que condujeron a la Segunda Guerra Mundial. El nazismo estableció un Estado policial represivo, utilizando organizaciones como la Gestapo y las SS para mantener el control a través del terror. Además, implementó políticas de eugenesia con el objetivo de «mejorar» la raza aria.

El movimiento nazi tuvo sus inicios con la fundación, en 1919, del Partido Nacional Socialista de los Trabajadores Alemanes (Partido Nazi), liderado por Adolf Hitler, quien ganó popularidad al explotar el descontento causado por la crisis económica y el Tratado de Versalles. Tras llegar al poder en 1933, después de ser el ganador de las elecciones, Hitler consolidó rápidamente su control, eliminando a la oposición y estableciendo una dictadura. El régimen implementó políticas racistas y antisemitas, como las Leyes de Núremberg, y persiguió una agresiva expansión territorial. La invasión de Polonia en 1939 marcó el inicio de la Segunda Guerra Mundial, durante la cual los nazis perpetraron el Holocausto, asesinando a millones de judíos y otros grupos perseguidos. El régimen nazi colapsó en 1945 con la derrota de Alemania, y dejó un legado de destrucción y genocidio que marcó profundamente la historia del siglo xx.

El **fascismo** italiano emergió como una fuerza política dominante después de la Primera Guerra Mundial, en un contexto de inestabilidad económica y política.

En este escenario, **Benito Mussolini**, antiguo militante del partido socialista, fundó una organización alternativa, *Los Fasci Italiani di Combattimento*, que se transformarían en el Partido Nacional Fascista en 1921. Este consiguió ser la principal fuerza política del país, como consecuencia del descontento generalizado y el temor al comunismo de los italianos.

El ascenso al poder de Mussolini culminó con la Marcha sobre Roma en 1922. Su ejército llegó a la capital italiana, amenazando con tomar el control de ciudades y pueblos. Tras su llegada a Roma fue nombrado primer ministro por el rey Víctor Manuel III. A partir de ese momento, Mussolini, ahora conocido como *Il Duce* («guía»), consolidó su poder, desmantelando gradualmente las instituciones democráticas y estableciendo un Estado totalitario.

Aspecto	Nazismo	Fascismo	Estalinismo
Cronología	1933-1945 (Alemania)	1922-1943 (Italia)	1924-1953 (URSS)
Principal líder	Adolf Hitler	Benito Mussolini	Iósif Stalin
Ideología base	Racismo y antisemitismo	Nacionalismo extremo	Comunismo autoritario
Estructura de poder	Totalitarismo centrado en el *Führer*	Estado corporativo, culto al *Duce*	Dictadura del partido comunista
Economía	Control estatal con propiedad privada	Corporativismo, colaboración estado-empresas	Economía planificada, colectivización
Expansionismo	Agresivo, búsqueda de «espacio vital»	Imperialismo, recrear Imperio romano	Expansión de la revolución comunista
Represión	Gestapo, campos de concentración	OVRA, confinamiento político	NKVD, gulags
Características distintivas	Holocausto, teorías raciales	Primero en llegar al poder, menos racista	Purgas dentro del partido, culto a la personalidad

El régimen fascista se basó en una ideología nacionalista que rendía culto al *Duce*, es decir, a Mussolini. Se suprimió todo tipo de oposición al régimen, los medios de comunicación estaban totalmente controlados y se adoctrinó a la población mediante programas, sobre todo a la población más joven.

En el ámbito internacional, el fascismo impulsó políticas expansionistas con el objetivo de revivir la grandeza del antiguo Imperio romano y, eventualmente, mantuvo alianzas con la Alemania nazi.

Sin embargo, el régimen fascista colapsó en 1943, debilitado por las derrotas militares en la Segunda Guerra Mundial, el descontento popular y la pérdida de apoyo de las élites políticas y económicas. A todo esto se sumó la corrupción. Mussolini fue destituido, arrestado y fusilado en el año 1945, lo que marcó el fin del fascismo italiano.

Otro de los sistemas totalitarios que nacieron en la primera mitad del siglo xx fue el **estalinismo**, que se consolidó en 1924 en la URSS bajo el liderazgo de **Stalin**.

Tras la muerte de su antecesor, Lenin, en 1924, se desató una lucha por el poder entre Trotski y Stalin. León Trotski era un intelectual y teórico marxista que defendía la idea de la *revolución permanente* y tenía como objetivo la expansión a nivel mundial de la revolución socialista. En cambio, Stalin promovía la teoría del *socialismo en un solo país*, es decir, quería priorizar el fortalecimiento de la Unión Soviética antes de expandir la revolución. Stalin llevó a cabo una hábil campaña para desacreditar a Trotski, hasta que consiguió expulsarlo del Partido Comunista en 1927.

El estalinismo se caracterizó por un control férreo sobre todos los aspectos de la sociedad soviética. La economía se centralizó completamente con planes quinquenales que buscaban una rápida industrialización y la colectivización forzosa de la agricultura. Estas políticas, aunque lograron modernizar la URSS, tuvieron un elevado coste humano.

Otro rasgo destacado del estalinismo fue el culto a la personalidad de Stalin. La propaganda estatal lo presentaba como un líder infalible y padre de la nación. La censura y el control de la información mantenían a la población aislada de influencias externas.

Quizás el aspecto más notorio del estalinismo fue el uso sistemático del terror como herramienta de gobierno. Las purgas, los Juicios de Moscú y el sistema de campos de trabajo forzado (*gulags*) eliminaron a millones de personas consideradas *enemigas del pueblo*. La paranoia y la desconfianza se convirtieron en características de la vida cotidiana soviética.

El estalinismo dejó un legado complejo. Por un lado, transformó a la URSS en una superpotencia industrial y militar, capaz de derrotar a la Alemania nazi en la Segunda Guerra Mundial. Por otro lado, el coste de vidas humanas fue excepcional, ya que fallecieron millones de personas a causa de la represión, de las hambrunas y de las políticas económicas forzadas.

Los sucesores de Stalin, después de su muerte en 1953, iniciaron un proceso de *desestalinización* denunciando los excesos del régimen. Sin embargo, muchos aspectos del sistema estalinista persistieron en la estructura del Estado soviético hasta su disolución en 1991.

SEGUNDA GUERRA MUNDIAL

Durante la primera mitad del siglo xx tuvieron lugar la Primera Guerra Mundial y una gran crisis económica, que provocaron el malestar generalizado de la sociedad y el ascenso de los totalitarismos. Este contexto desembocó en el estallido de la Segunda Guerra Mundial, que se desarrolló entre 1939 y 1945 e involucró a naciones de todo el mundo.

Una de las causas principales del conflicto fue el Tratado de Versalles, que había firmado Alemania al finalizar la Primera Guerra Mundial. Las condiciones impuestas a los alemanes fueron tan duras que provocaron un sentimiento de humillación, lo que facilitó el surgimiento de ideologías extremistas representadas en los regímenes totalitarios.

Otra causa que condujo a este conflicto fueron las tensiones internacionales, agravadas por la Gran Depresión de 1929, que habían debilitado a las democracias occidentales. A esto se sumó la intensa carrera armamentística entre las principales naciones, evidencia de la preparación para un nuevo enfrentamiento. Además, el nacionalismo exacerbado y las disputas territoriales no resueltas desde la Primera Guerra Mundial alimentaron las ambiciones expansionistas de países como Alemania e Italia.

Finalmente, el detonante del conflicto fue la invasión alemana de Polonia en septiembre de 1939, que llevó al Reino Unido y Francia a declarar automáticamente la guerra a Alemania.

Durante la Segunda Guerra Mundial se enfrentaron dos grandes bloques: el de los **Aliados**, inicialmente formado por el Reino Unido y Francia y posteriormente apoyados por la Unión Soviética tras la invasión alemana en 1941; y por Estados Unidos después del ataque japonés a Pearl Harbor en diciembre de ese mismo año. En el bando contrario se posicionaban las **potencias del Eje**, encabezadas por Alemania, Italia y Japón.

El conflicto se libró en varios frentes principales. Uno de los escenarios primordiales del conflicto fue Europa occidental. La guerra comenzó con la invasión alemana de Polonia. Tras esta ofensiva, Alemania continuó con la ocupación de gran parte de Europa occidental.

El Frente Oriental fue otro de los escenarios de la guerra. Alemania procedió a invadir territorios como la URSS en 1941, pero sufrió una decisiva derrota en la Batalla de Stalingrado en 1943.

Por su ubicación estratégica y recursos, el norte de África también fue escenario de enfrentamientos entre las potencias del Eje y las fuerzas británicas.

La guerra también se desarrolló en lugares más lejanos como el Pacífico, ya que se produjo el enfrentamiento entre Japón y Estados Unidos y sus aliados tras el ataque a Pearl Harbor.

Paralelamente a las operaciones militares, el régimen nazi llevó a cabo una campaña sistemática de persecución y exterminio contra los judíos y grupos de otras etnias, otros pensamientos u orientación sexual. Esta política, conocida como el Holocausto, implicó la construcción de una extensa red de campos de concentración y exterminio en toda la Europa ocupada, como Auschwitz-Birkenau, Mauthausen o Buchenwald, entre otros. Los campos de concentración y exterminio nazi se convirtieron en símbolos de la brutalidad del régimen, donde millones de

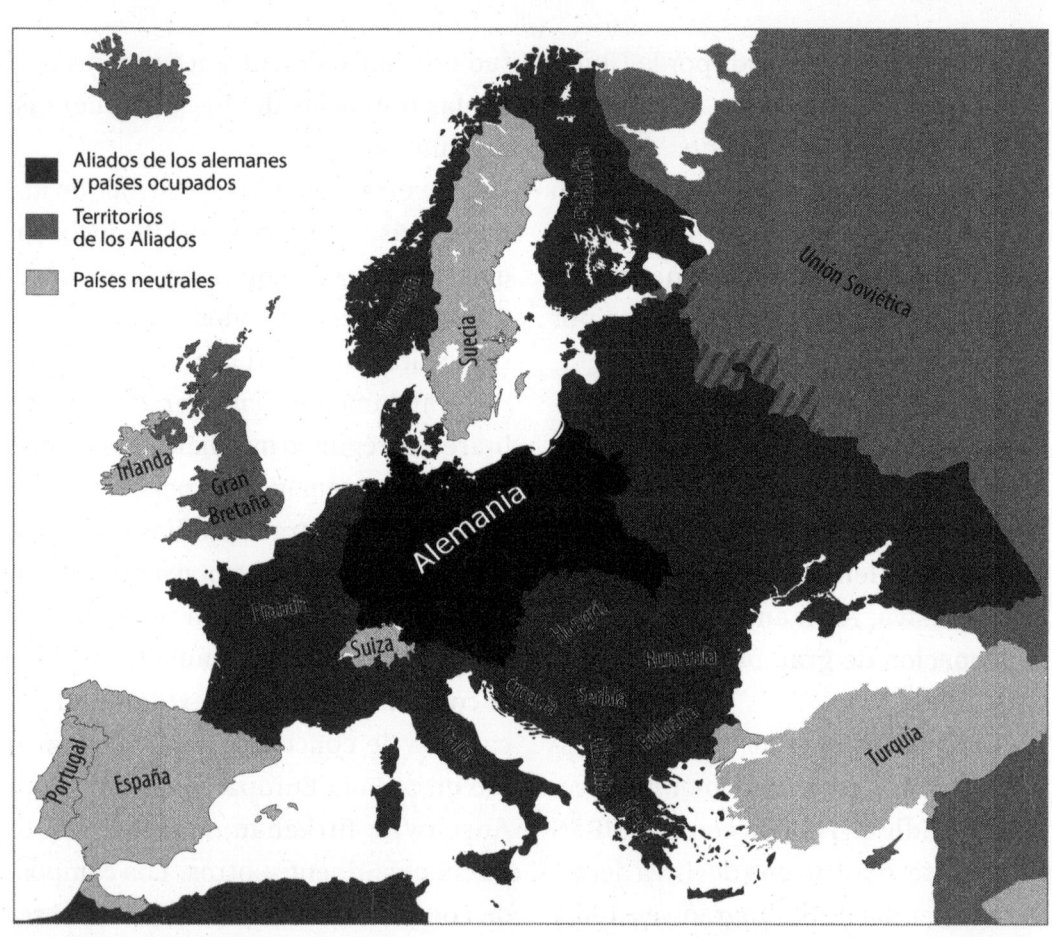

Aliados de los alemanes y países ocupados

Territorios de los Aliados

Países neutrales

Mapa de la expansión del Tercer Reich alemán en Europa en 1942, durante la Segunda Guerra Mundial.

Civiles abandonando sus casas durante el bombardeo de Leningrado por parte del ejército alemán.

personas fueron sometidas a trabajos forzados, experimentos médicos inhumanos y asesinatos en masa.

A partir de 1943, los Aliados comenzaron a ganar ventaja. Un punto crucial fue el **Día D** (6 de junio de 1944), cuando se produjo el **desembarco de Normandía**. Desde allí, se dirigieron hacia Alemania, mientras las fuerzas soviéticas lo hacían desde el este. A medida que las tropas aliadas avanzaban, fueron descubriendo y liberando los campos de concentración, revelando al mundo la magnitud de los horrores cometidos por el régimen nazi. Alemania se rindió en mayo de 1945.

Uno de los últimos capítulos de la guerra fueron los **bombardeos atómicos** sobre las poblaciones niponas de **Hiroshima y Nagasaki** en agosto de 1945, lo que llevó a la rendición de Japón en septiembre de ese año.

Tras el fin del conflicto se celebraron varias **conferencias de paz**, como la de **Yalta** o la de **Potsdam**, para definir el nuevo orden mundial y establecer las condiciones de posguerra.

Muchas de las consecuencias del conflicto fueron desastrosas. Por un lado, se produjo la mayor pérdida de vidas humanas de la historia (entre 50 y 70 millones de muertos), incluyendo los aproximadamente seis millones de judíos asesinados en el Holocausto. El conflicto también ocasionó una gran destrucción material, lo que llevó al declive europeo. A nivel geopolítico, emergieron dos superpotencias, Estados Unidos y la URSS, que se enfrentaron durante gran parte del siglo xx para posicionarse como primera potencia mundial.

Al finalizar la guerra, se creó la **ONU** con el objetivo de garantizar la paz internacional y el proceso de descolonización en África y Asia. En este contexto, cabe destacar los juicios por crímenes de guerra, como los de Núremberg, que establecieron precedentes en la justicia internacional.

FORMACIÓN DE BLOQUES Y LA GUERRA FRÍA

Al finalizar la Segunda Guerra Mundial, el mundo se dividió en dos bloques. Por un lado, el **bloque occidental capitalista**, liderado por Estados Unidos; y por el otro, el **bloque oriental comunista**, encabezado por la Unión Soviética.

Uno de los sucesos clave fue la implementación en 1948 del Plan Marshall por parte de Estados Unidos, cuya finalidad era la reconstrucción económica de la Europa Occidental. Por ello, los países devastados después de la guerra se alinearon con el bloque capitalista.

El año siguiente, en 1949, se creó la **OTAN**, una alianza militar que unió formalmente a las naciones occidentales bajo el liderazgo estadounidense. Otro acontecimiento importante fue la partición de Alemania, según se acordó en la Conferencia de Potsdam (1945), en dos estados: la República Federal Alemana, alineada con Occidente, y la República Democrática Alemana, bajo la influencia soviética. Esta partición se convirtió en un símbolo de la división global.

Un fenómeno muy importante en el bloque capitalista fue la prosperidad económica que propició la sociedad de consumo y el Estado del bienestar. No obstante, en la década de 1970, se produjo un punto de inflexión debido a varios hechos. En primer término, tuvo lugar la crisis del petróleo en 1973, que comenzó cuando los países árabes miembros de la OPEP decretaron un embargo petrolero contra los países que apoyaron a Israel en la Guerra del Yom Kipur. En consecuencia, el precio del petróleo se disparó, lo que provocó una crisis energética a nivel mundial. En muchos países, la inflación se disparó, el desempleo aumentó y muchas economías occidentales se sumieron en una profunda recesión.

Otro hecho relevante fue el ascenso económico de Japón, especialmente después de la crisis del petróleo, así como el surgimiento de políticas neoliberales que redefinieron el papel del Estado en la economía.

Por su parte, se formó el bloque comunista o soviético que, encabezado por la URSS, estuvo formado por países de Europa del Este como Polonia, Checoslovaquia, Hungría, Rumanía, Bulgaria y Alemania Oriental. Además, tuvo aliados fuera de Europa como Cuba, Vietnam del Norte, Corea del Norte y China (hasta 1956).

De manera similar al bloque capitalista, el bloque soviético estableció el **COMECON** en 1949 como una alternativa comunista al Plan Marshall y, de esta manera, fortaleció el control soviético sobre Europa. Además, en 1955 se creó el **Pacto de Varsovia**, que se convirtió en el contrapeso militar a la OTAN.

Una de las características principales del bloque soviético fue su sistema político basado en regímenes de partido único, con el Partido Comunista controlando todos los aspectos de la vida pública y privada. En el ámbito económico, se seguían las doctrinas marxista-leninistas, basándose en una planificación centralizada que buscaba la rápida industrialización y la colectivización de la agricultura.

El periodo de tensión geopolítica entre el bloque capitalista y el comunista se denominó **Guerra Fría** y abarcó prácticamente la segunda mitad del siglo xx.

El primer punto de tensión durante esta etapa fue el bloqueo de Berlín. La raíz de la crisis fue que la Unión Soviética había bloqueado el acceso terrestre a Berlín Occidental, lo que llevó a Estados Unidos y sus aliados a establecer un puente aéreo para abastecer la ciudad. Este conflicto afianzó aún más la división entre bloques y estableció los patrones de confrontación que persistieron durante décadas.

Otro conflicto notable fue la Guerra de Corea (1950-1953). Este conflicto comenzó cuando Corea del Norte invadió Corea del Sur. En respuesta, las Naciones Unidas, con Estados Unidos a la cabeza, intervinieron militarmente, lo que resultó en un estancamiento en el frente. La guerra terminó con un armisticio, que estableció una zona desmilitarizada, pero no un tratado de paz dejando a ambas naciones en un estado técnico de guerra.

Otro episodio crítico fue la Crisis de los Misiles en Cuba en 1962. Estados Unidos descubrió que la Unión Soviética había instalado misiles nucleares en Cuba, lo que llevó a un bloqueo naval y a negociaciones tensas entre las dos superpotencias. Este enfrentamiento estuvo al borde de provocar una guerra nuclear. Finalmente, se llegó a un acuerdo: la URSS retiraría sus misiles a cambio de que Estados Unidos prometiera no invadir Cuba y retirara sus propios misiles en Turquía. Este episodio mostró el peligro del armamento nuclear y llevó a ambos países a establecer canales de comunicación para prevenir futuros conflictos.

Finalmente, la Guerra de Vietnam (1955-1975), en la que se enfrentaron Vietnam del Norte, respaldado por la URSS, contra Vietnam del Sur, apoyado por Estados Unidos. Este conflicto generó una fuerte oposición dentro de este último. Finalizó con la retirada estadounidense y la reunificación de Vietnam bajo un régimen comunista.

No obstante, a lo largo de la Guerra Fría, también hubo períodos de coexistencia pacífica y de distensión.

Estos intervalos se dieron principalmente entre finales de la década de 1960 y finales de la de 1970, cuando tanto Estados Unidos como la Unión Soviética buscaron reducir las tensiones a través de negociaciones y acuerdos bilaterales. Uno de los acuerdos más destacables de este período fue el Tratado de No Proliferación Nuclear (TNP) firmado en 1968, que tenía como objetivo prevenir la expansión de armas nucleares y fomentar el desarme.

La Guerra Fría llegó a su fin con el colapso de la URSS y el fin del comunismo en Europa del Este entre 1989 y 1991, lo que marcó el inicio de una nueva era en las relaciones internacionales.

ASIA

Durante la Edad Contemporánea, Asia experimentó profundas transformaciones que redefinieron el continente. El imperialismo occidental llevó a la colonización de varias regiones asiáticas en el siglo XIX.

En el caso de Japón, se produjo la transformación de un país feudal y aislado en una potencia mundial industrializada. A mediados del siglo XIX, la llegada de barcos occidentales forzó a Japón a abrir sus puertos al comercio exterior, y de este modo se puso fin a siglos de aislamiento. Esto provocó profundos cambios internos que culminaron en la **Revolución meiji** de 1868. Durante la era Meiji (1868-1912), el país nipón emprendió un intenso proceso de modernización, adoptando tecnologías occidentales, reformando el sistema educativo y legal y creando un ejército moderno a imagen y semejanza de los occidentales.

Este desarrollo económico y militar llevó al país a adoptar una política expansionista en Asia. Como consecuencia, tuvieron lugar conflictos bélicos, y Japón logró victorias significativas sobre China (1894-1895) y Rusia (1904-1905), así como la anexión de Corea en 1910 y su participación en la Primera Guerra Mundial del lado de los Aliados.

Sin embargo, el ataque a Pearl Harbor en 1941 significó la entrada de Japón en la Segunda Guerra Mundial del lado del Eje, conflicto que finalizó con su derrota en 1945. Tras la ocupación estadounidense posterior, Japón adoptó una constitución pacifista y experimentó una rápida recuperación económica. En las décadas siguientes se transformó en una potencia económica mundial y logró un impresionante crecimiento conocido como el *milagro económico japonés*.

Por su parte, China también desempeñó un papel destacable en el continente asiático. Durante el siglo XIX, sufrió una oleada de colonizaciones por parte de potencias extranjeras como Inglaterra, Francia, Portugal, Alemania y Japón, que se establecieron en puertos importantes como Cantón, Hong Kong o Shanghái.

En 1911, la **dinastía Manchú** fue derrocada, y se proclamó la **República de China**, aunque esta no se consolidó hasta 1937 debido a la inestabilidad política. La manifestación estudiantil del 4 de mayo de 1919 marcó el comienzo de la modernización de China, con un rechazo a las tradiciones y la intención de incorporar las costumbres occidentales.

La guerra civil china, iniciada en 1927, enfrentó al Partido Nacionalista Chino (Kuomintang) y al Partido Comunista Chino, liderado por Mao Zedong. Este enfrentamiento finalizó en 1949 con la victoria comunista y la proclamación de la **República Popular de China**. De esta manera se iniciaba el régimen comunista, que implementó políticas radicales como el **Gran Salto Adelante** y la **Revolución cultural**.

Después de la muerte de Mao Zedong en 1976, Deng Xiaoping asumió el liderazgo y promovió una serie de reformas económicas que abrieron China al mercado global. Esto permitió el establecimiento de relaciones diplomáticas con Occidente, así como la descolonización de Hong Kong y de Macao.

A pesar de las reformas económicas, el régimen comunista mantuvo un control político estricto. En 1989, las manifestaciones a favor de un sistema más democrático en la Plaza de Tiananmén fueron brutalmente

Retrato del activista indio Mahatma Gandhi.

reprimidas, lo que evidenció la falta de apertura política.

Hacia finales del siglo xx, se inició un periodo de mayor apertura económica, aunque las restricciones políticas continuaron.

India, por su parte, estuvo bajo dominio británico desde mediados del siglo xviii. Esta situación motivó importantes movimientos nacionalistas liderados por figuras como Mahatma Gandhi. Estos esfuerzos culminaron con la **independencia de la India en 1947**, que resultó en la partición del subcontinente y la **creación de Pakistán**. En 1950, India adoptó una constitución y se convirtió, así, en una república democrática.

ÁFRICA

Desde finales del siglo xix hasta mediados del siglo xx, el continente africano estuvo bajo el dominio colonial de las potencias europeas, que explotaron sus recursos y redibujaron sus fronteras.

Tras la Segunda Guerra Mundial, surgió un poderoso movimiento de descolonización. Ghana lideró el camino en 1957, y para la década de 1960, conocida como el *Año de África*, la mayoría de las naciones africanas habían alcanzado su independencia. Sin embargo, esta libertad política trajo consigo grandes desafíos, ya que los países recién independizados debían enfrentarse a una considerable inestabilidad política, incluyendo golpes de Estado, dictaduras militares y conflictos étnicos.

Desde el punto de vista económico, la herencia colonial dejó economías subdesarrolladas y dependientes. La corrupción, la mala gestión y las deudas externas masivas obstaculizaron el desarrollo en numerosas naciones.

Cabe destacar que, a pesar de la independencia política, el neocolonialismo persistió, con muchos países africanos aún económicamente dependientes de sus antiguas metrópolis. No obstante, algunos países lograron un crecimiento económico sostenido. La explotación de recursos naturales ha sido una fuente de riqueza, pero también de conflicto en varias regiones.

AMÉRICA LATINA

El periodo de la Edad Contemporánea en América Latina arranca con los movimientos independentistas de principios del siglo xix, que llevaron a la ruptura del modelo colonial y al surgimiento de nuevas naciones.

Así pues, entre 1809 y 1829 se dieron las guerras de independencia, que tuvieron como resultado la creación de nuevos estados como Argentina, Bolivia, Chile, Colombia, Costa Rica, Ecuador, El Salvador, Guatemala, Honduras, México, Nicaragua, Panamá, Paraguay, Perú, Uruguay y Venezuela.

Tras la independencia, durante el siglo xx se buscaron sistemas democráticos, ya que el caudillismo, el militarismo y los regímenes autoritarios han sido fenómenos recurrentes en la historia contemporánea latinoamericana.

Además, estos territorios han experimentado el surgimiento de movimientos radicales y periodos de violencia, en parte como consecuencia de las desigualdades sociales y la falta de representación política.

Otro aspecto destacable ha sido la situación de dependencia económica de las grandes potencias, lo que ha dificultado el desarrollo de una economía propia.

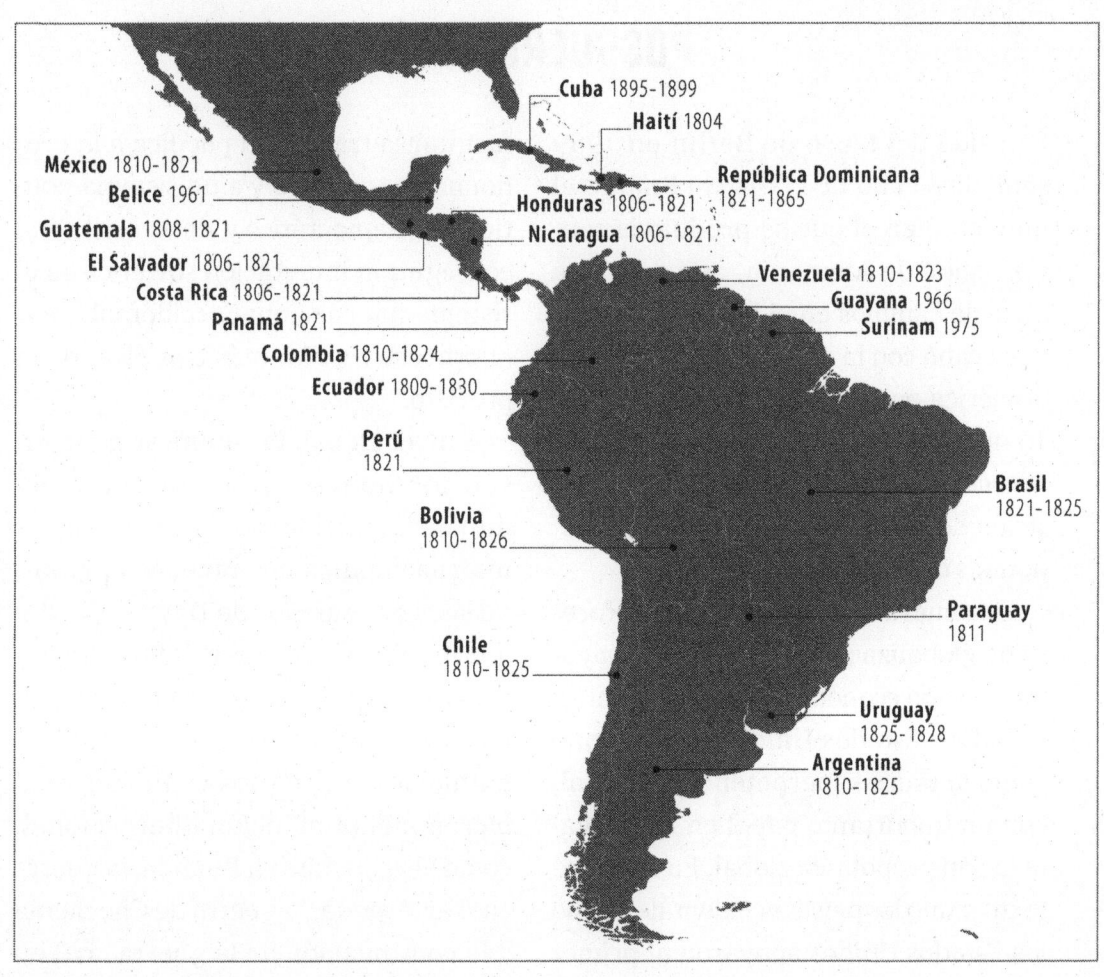

América Latina: Fechas de independencia.

POSGUERRA FRÍA

La caída del Muro de Berlín en 1989 simbolizó el fin de la Guerra Fría. Es el momento en el que se produjo la reunificación de Alemania, así como una serie de cambios en el bloque soviético que acabó con la disolución de la Unión Soviética en 1991 y el surgimiento de 15 nuevos estados en Europa del Este y Asia central. Además, se produjo la transición de economías planificadas a economías de mercado.

Esta nueva situación aceleró el proceso de globalización y llevó a una mayor integración económica y cultural a nivel mundial. Estados Unidos se posicionó como la única superpotencia mundial, con un importante papel en la reorganización geopolítica global. En este contexto, tanto los países occidentales como los Estados Unidos apoyaron al primer presidente de Rusia, Boris Yeltsin, para facilitar la transición pacífica a la economía de mercado y a un sistema político más democrático y, de esta manera, conseguir la integración soviética en el sistema internacional occidental. Pero el proceso resultó más complejo de lo previsto.

A nivel global, las políticas de intervención humanitaria ganaron preeminencia, justificando intervenciones internacionales por razones humanitarias. Los acuerdos de Dayton (1995), que finalizaron la guerra de Bosnia, representaron un ejemplo de la nueva diplomacia internacional. Sin embargo, paralelamente, varios conflictos recibieron menor atención internacional, como el genocidio en Ruanda, la guerra civil en Argelia, la guerra de Chechenia y la continuación de la guerra civil en Colombia.

En este período se inició el camino hacia el nuevo orden mundial, caracterizado por la reconfiguración de fronteras, de sistemas económicos y equilibrios de poder, donde la comunidad internacional comenzó a desarrollar nuevos mecanismos de intervención y resolución de conflictos más allá de las tradicionales dinámicas de la Guerra Fría.

A partir de 1996 hasta el año 2000, se intensificó la globalización. Este fue un tiempo de rápidos cambios tecnológicos y económicos. Se produjo la expansión de Internet que transformó la comunicación y el comercio global. Los grandes movimientos migratorios se intensificaron, lo que reflejó tanto las oportunidades como las desigualdades creadas por la globalización. El fenómeno del *outsourcing* o la subcontratación a escala internacional se convirtió en una característica definitoria de la economía global, con empresas buscando mano de obra más barata en países en vías de desarrollo. La privatización de sectores de la administración estatal en muchos países reflejó la influencia creciente de las políticas neoliberales. La intervención en Kosovo en 1999 fue vista como un éxito en la contención de amenazas en la posguerra fría, aunque también planteó preguntas sobre la legitimidad de la intervención militar sin la aprobación del Consejo de Seguridad de la ONU. Este período también vio crisis financieras en Latinoamérica, Asia y Rusia, así como el colapso de las empresas puntocom, lo que señaló las vulnerabilidades del sistema económico global.

El inicio de siglo XXI se produce con los atentados del 11 de septiembre de 2001. Terroristas de Al Qaeda secuestraron cuatro aviones y los estrellaron contra las Torres Gemelas en Nueva York, el Pentágono en Washington D. C. y en Pennsilvania. Causaron alrededor de

3000 muertes. Inmediatamente, Estados Unidos declaró la «Guerra contra el Terrorismo» e invadió Afganistán e Irak. Además, se introdujeron rápidamente nuevos sistemas de seguridad nacional e internacional y el pánico a un nuevo atentado caló hondo en la población. También tuvo un impacto económico, ya que afectó a mercados globales.

Durante la primera década del siglo XXI, se produjo el ascenso de las potencias BRIC (Brasil, Rusia, India, China) como actores globales significativos, lo que desafió la hegemonía occidental. Su rápido crecimiento económico, impulso diplomático y aspiraciones de mayor representación internacional transformaron el panorama geopolítico mundial.

Estos países ampliaron su influencia mediante el fortalecimiento de sus economías y la búsqueda de reformas en instituciones internacionales. Así, el PIB de estos países creció a un ritmo medio del 7,9%, muy superior al de las economías avanzadas. Este crecimiento elevó su participación en el producto mundial del 33% en 1980 al 47% en 2010, con proyecciones de superar el 50% en 2025. A nivel institucional pidieron reformas como por ejemplo en la ONU, para aumentar la representatividad de los países en desarrollo.

Además, en la búsqueda de un nuevo orden multipolar, los BRICS abogaron por una alternativa al dominio de Occidente; en este sentido destaca la aparición de «nuevos centros de fuerza», que contribuyen a un orden mundial más justo y democrático. Buscaron aumentar la presencia y la voz de países de América Latina, Asia y África en asuntos mundiales, promoviendo una mayor inclusión del Sur Global en la toma de decisiones internacionales. Un ejemplo fue la sustitución del G7 por el G20 como principal foro de liderazgo económico internacional. Se reflejaba así una distribución del poder más inclusiva que reconoce el peso creciente de las economías emergentes.

En 2007 se produjo una importante crisis financiera global. La causa principal fue burbuja inmobiliaria que había en Estados Unidos a causa de los bajos tipos de interés y políticas de crédito laxas que fomentaron la especulación en el mercado de la vivienda. Los bancos comenzaron a otorgar hipotecas a prestatarios con mala calificación crediticia (préstamos *subprime*), lo que aumentó el riesgo en el sistema financiero. La falta de regulación permitió prácticas arriesgadas sin supervisión adecuada, y esto provocó el colapso del sistema financiero.

La crisis estalló en 2007 cuando los precios de las viviendas comenzaron a caer, lo que llevó a un aumento en las ejecuciones hipotecarias. En septiembre de 2008, la quiebra de *Lehman Brothers* desató una crisis de confianza global, que obligó a los gobiernos a implementar rescates masivos para estabilizar el sistema financiero.

Como consecuencia, comenzó una recesión global que resultó en un aumento del desempleo y caídas significativas en el PIB. También se introdujeron nuevas regulaciones financieras para aumentar la transparencia y reducir el riesgo sistémico. Además, la crisis dejó un impacto social duradero, que exacerbó la desigualdad económica y cambió las percepciones sobre el sistema financiero y su regulación.

El conflicto de Georgia en 2008 volvió a convertir a Rusia en actor geopolítico importante dispuesto a desafiar el orden mundial liderado por Estados Unidos. En solo cinco días, Rusia demostró su capacidad militar al intervenir en Georgia, un país prooccidental que buscaba unirse a la OTAN. Rusia reafirmó su influencia en el espacio postsoviético y utilizó su poder energético como herramienta política. Este evento sentó las bases para una política exterior más asertiva, que se consolidaría con acciones posteriores, como la anexión de Crimea en 2014, que llevó a la guerra con Ucrania en 2022.

El cambio climático ha sido uno de los grandes desafíos desde principios de siglo XXI. Aunque ya desde el último cuarto de siglo XX con la celebración de la Conferencia de Estocolmo en 1972, se empezó a reconocer el impacto humano en el clima, no es hasta 1997 que con el Protocolo de Kioto se consiguió un primer acuerdo de los países industrializados a reducir sus emisiones en un promedio del 5% respecto a los niveles de 1990 durante el periodo 2008-2012. No obstante, algunos países como Estados Unidos y China no ratificaron o no se comprometieron.

En 2015, el acuerdo de París consiguió el compromiso de 197 países a limitar el aumento de la temperatura global por debajo de 2 °C, con esfuerzos para no superar 1,5 °C. Desde entonces, se fueron celebrando diferentes conferencias, las COP (Conferencia de las Partes), mediante las que se pactaron acuerdos más concretos. Por ejemplo, la última COP27, en 2022, se centró en las pérdidas y daños, y se estableció un fondo para ayudar a los países vulnerables.

La pandemia de COVID-19, que comenzó en 2020, tuvo un impacto a nivel mundial. Afectó a la salud pública, a la economía y a las relaciones internacionales. Esta crisis sanitaria aceleró tendencias incipientes como la digitalización y el teletrabajo. Pero por otro lado, se evidenciaron desigualdades globales y las vulnerabilidades de los sistemas de salud. La pandemia también resaltó la importancia de la cooperación global, aunque también reveló tensiones y competencia entre naciones, particularmente en lo que respecta al acceso a vacunas y suministros médicos.

Este último periodo de la historia ha visto el surgimiento y fortalecimiento de movimientos populistas y de la extrema derecha en muchas partes del mundo, especialmente en Europa. Estos movimientos se caracterizan por una retórica antiestablishment, presentándose como la «voz del pueblo» contra las élites nacionales y europeas. Critican las políticas económicas neoliberales y la gestión de la inmigración, capitalizando el descontento generalizado con las instituciones tradicionales. El nacionalismo y el nativismo son componentes fundamentales, ya que promueven una visión de homogeneidad cultural y abogan por la recuperación del control nacional.

La crítica a la globalización es otro pilar central del discurso y cuestiona el orden económico y político establecido tras el fin de la Guerra Fría. En el contexto europeo, el desafío a la integración de la Unión Europea ha sido particularmente significativo, pues muchos partidos con esta ideología se oponen al proyecto de «una unión cada vez más estrecha».

Factores como la crisis económica de 2008, las amenazas externas del terrorismo yihadista, la crisis migratoria y la creciente desigualdad han creado un terreno fértil para narrativas populistas y nacionalistas.

El impacto en la democracia y la política europea ha sido profundo, ya que no solo han cuestionado las instituciones democráticas tradicionales, sino que promueven formas más autoritarias de gobierno. La fragmentación política ha sido otra consecuencia, con la derecha radical populista luchando por consolidar vínculos transnacionales efectivos. La renacionalización de la política ha complicado los esfuerzos de cooperación internacional en áreas como la política migratoria y la respuesta a crisis económicas.

Entre 2010 y 2020, varias crisis prolongadas y emergentes contribuyeron significativamente al aumento de los desplazamientos forzosos, como la guerra civil en Siria, la crisis en Venezuela y los conflictos en la región africana del Sahel.

A finales del 2020 más de 82 millones de personas se vieron obligadas a abandonar sus hogares.

Las causas de estos movimientos migratorios son diversas a la vez que complejas: conflictos armados, persecución política, pobreza extrema, desigualdad económica, cambio climático, desastres naturales, violencia generalizada y crimen organizado.

Los países que acogen una gran cantidad de refugiados y migrantes tienen que gestionar dificultades como la presión en los servicios públicos y las infraestructuras, tensiones sociales y culturales con las comunidades locales, desafíos de integración económica y social, y preocupaciones de seguridad exacerbadas por el temor al terrorismo. La crisis de refugiados ha puesto a prueba a organizaciones internacionales como a la Unión Europea, lo que ha evidenciado las limitaciones de las estructuras de gobierno global para responder a las necesidades de la situación de los últimos años. Asimismo, la incapacidad de los estados para gestionar eficazmente estos flujos migratorios ha llevado a una creciente politización de la inmigración y a una confusión entre refugiados y migrantes económicos. Esta situación ha generado tensiones entre los países de origen, tránsito y destino, y ha llevado a muchos estados a endurecer sus políticas migratorias y de asilo.

VOCABULARIO

Amorreos: Pueblo semita que habitó en la región de Mesopotamia alrededor del segundo milenio a. C.

Aqueménidas: Dinastía que gobernó el Imperio persa desde aproximadamente el 550 a. C. hasta su conquista por Alejandro Magno en el 330 a. C. Su fundador fue Ciro el Grande.

Árbol filogenético: Representación gráfica que muestra las relaciones evolutivas entre diferentes especies o grupos biológicos a partir de un ancestro común.

Autocracia: Sistema de gobierno en el que una sola persona ostenta el poder absoluto sin ninguna limitación legal o institucional.

Barbecho: Práctica agrícola que consiste en dejar descansar la tierra durante un periodo de tiempo sin cultivarla para que recupere sus nutrientes y sea más fértil.

Bifaz: Herramienta prehistórica tallada en piedra por dos caras.

Bipedismo: Capacidad de caminar erguido sobre dos extremidades.

Bolchevique: Miembro de la facción mayoritaria del Partido Obrero Socialdemócrata de Rusia que, bajo el liderazgo de Lenin, tomó el poder en la Revolución de octubre de 1917.

Carbón de coque: Tipo de carbón procesado utilizado principalmente en la producción de acero por su capacidad de generar altas temperaturas sin arder completamente.

Chinampa: Técnica agrícola utilizada en Mesoamérica, especialmente por los aztecas, que consiste en crear islas flotantes artificiales en lagos para el cultivo.

Chopper: Herramienta de piedra prehistórica para cortar o machacar, que generalmente tiene un filo simple.

Choping tool: Herramienta prehistórica similar a la *chopper,* pero con dos filos, utilizada por los homínidos en diversas actividades de corte.

Colonia: Territorio dominado y administrado por una potencia extranjera. Este término se asocia con el colonialismo, un sistema de control político y económico.

Daimios: Señores feudales japoneses durante el periodo medieval que controlaban grandes territorios y mantenían ejércitos privados de samuráis.

Dorios: Grupo de población de la antigua Grecia que migró desde el norte hacia la península helénica en el segundo milenio a. C.

Eugenesia: Teoría y práctica que busca mejorar las características genéticas de una población mediante la selección de ciertos rasgos deseables y la eliminación de otros.

Feudo: En la Edad Media, unidad territorial controlada por un señor feudal, quien otorgaba protección y tierra a sus vasallos a cambio de su lealtad y servicio militar.

Fenicios: Antiguo pueblo semita que destacó por su habilidad en la navegación y el comercio marítimo, estableciendo colonias a lo largo del Mediterráneo, como Cartago.

Fordismo: Sistema de producción en masa desarrollado por Henry Ford en la industria automovilística que consistía en la fabricación en serie y la especialización del trabajo para aumentar la eficiencia.

Glifo: Símbolo o signo gráfico, a menudo usado en sistemas de escritura antiguos como los mayas y egipcios, que representa palabras o sonidos.

Gutis: Pueblo nómada originario de las montañas de Zagros que invadió y gobernó Mesopotamia brevemente alrededor del 2200 a. C.

Hicsos: Pueblo asiático que invadió Egipto alrededor del 1650 a. C. y lo gobernó durante el Segundo Periodo Intermedio antes de ser expulsados por los faraones del Nuevo Reino.

Holocausto: Genocidio perpetrado por el régimen nazi durante la Segunda Guerra Mundial, que resultó en la muerte de aproximadamente seis millones de judíos y otros grupos minoritarios.

Holoceno: Época geológica actual, que comenzó hace aproximadamente 11.700 años, marcada por el desarrollo de las civilizaciones humanas.

Indoeuropeo: Familia lingüística que incluye a la mayoría de los idiomas hablados en Europa y partes de Asia, como el latín, el griego, el sánscrito, el alemán, el inglés, entre otros.

Inquisición: Institución eclesiástica de la Iglesia católica que, durante varios siglos, se dedicó a la persecución de herejes y a la supresión de ideas consideradas contrarias a la fe.

Latifundio: Gran extensión de tierra agrícola, típicamente explotada bajo un sistema de trabajo intensivo, caracterizada por su baja productividad y el control de un pequeño número de propietarios.

Lanzadora volante: Invento del siglo XVIII que permitió acelerar el proceso de tejido en los telares, lo que contribuyó a la Revolución Industrial en la industria textil.

Levallois (técnica): Método de talla de piedra usado por los homínidos durante el Paleolítico, en el que se obtenían lascas predeterminadas a partir de un núcleo preparado.

Manufactura: Producción de bienes mediante el trabajo manual o con máquinas, generalmente organizada en fábricas.

Medios de producción: En la teoría marxista, son los recursos y herramientas necesarios para la producción de bienes, como fábricas, tierras y capital.

Medos: Pueblo iranio que habitaba la región del actual Irán, y que fue fundamental en la creación del Imperio aqueménida tras su unión con los persas.

Megalitismo: Fenómeno cultural prehistórico que consistía en la construcción de grandes estructuras de piedra, como dólmenes y menhires, con una función ritual o funeraria.

Metrópolis: Ciudad principal o capital de una colonia o región que ejerce control y poder sobre otras áreas.

Metecos: Extranjeros residentes en las ciudades-Estado griegas, especialmente en Atenas, que carecían de derechos de ciudadanía, aunque participaban en la vida económica.

Mita: Sistema de trabajo forzado usado por los incas y, posteriormente, por los colonizadores españoles en América Latina, en el que los pueblos indígenas debían prestar servicios al Estado.

OPEP: Organización de Países Exportadores de Petróleo, fundada en 1960, que coordina las políticas de producción y precios del petróleo entre sus países miembros.

OTAN: Organización del Tratado del Atlántico Norte, una alianza militar fundada en 1949 para la defensa mutua de sus miembros frente a amenazas externas, especialmente durante la Guerra Fría.

ONU: Organización de las Naciones Unidas, creada en 1945 tras la Segunda Guerra Mundial para promover la paz y la cooperación internacional.

Patricios: Clase social privilegiada en la antigua Roma que monopolizaba los altos cargos políticos, militares y religiosos.

Plebeyos: En la antigua Roma, miembros de la clase social baja que no pertenecían a la aristocracia, pero que con el tiempo ganaron derechos políticos.

Proletariado: Clase social compuesta por los trabajadores que no poseen los medios de producción y deben vender su fuerza de trabajo para subsistir.

Pueblos del Mar: Conjunto de pueblos que protagonizaron una serie de migraciones e invasiones por el Mediterráneo oriental en torno al siglo XII a. C., lo que contribuyó a la caída de diversas civilizaciones.

Rotación trienal: Sistema agrícola medieval que consistía en dividir las tierras en tres partes: una para cultivos de invierno, otra para cultivos de primavera, y la tercera, para el barbecho.

Satrapía: División administrativa del Imperio persa aqueménida, gobernada por un sátrapa, que era responsable de la recolección de impuestos y la administración de justicia.

Sociedad de Naciones: Organización internacional creada después de la Primera Guerra Mundial con el objetivo de garantizar la paz mundial, precursora de la ONU.

Sogún: Título otorgado al líder militar supremo en Japón durante el periodo feudal. Gobernaba en nombre del emperador, aunque en la práctica ejercía el poder real.

Sóviets: Consejos de trabajadores, campesinos y soldados que surgieron en la Rusia revolucionaria y que desempeñaron un papel crucial en la Revolución rusa de 1917.

Sufragio universal: Derecho de todos los ciudadanos a votar en las elecciones, independientemente de su género, raza, clase social o educación.

Sistema Norfolk: Método agrícola desarrollado en el siglo XVIII en Inglaterra que promovía la rotación de cultivos con el fin de mejorar la productividad del suelo.

Taylorismo: Sistema de organización del trabajo ideado por Frederick W. Taylor, que busca aumentar la eficiencia mediante la división de tareas y la estandarización de procesos.

Teocrático: Sistema de gobierno en el que el poder político está en manos de líderes religiosos, y las leyes se basan en principios divinos o religiosos.

Tercer estado: En la Francia del Antiguo Régimen, era la clase social compuesta por campesinos, obreros y burgueses, que representaba a la mayoría de la población, pero tenía pocos derechos políticos.

Zar: Título utilizado por los emperadores de Rusia hasta la Revolución de 1917, que implicaba un poder absoluto sobre el imperio.

BIBLIOGRAFÍA

OBRAS GENERALES

KINDER, H. Y HILGEMANN, W. *Atlas histórico mundial (I)*. Madrid: Istmo, 2003.

VVAA. *Atlas de historia universal. Tomo I: De los orígenes a las crisis del siglo XVII*. Barcelona: Ed. Planeta, 2000.

https://educahistoria.com/

https://historiauniversal.com

https://www.historiajaponesa.com/

PREHISTORIA

EIROA, JORGE JUAN. *Nociones de Prehistoria General*. Barcelona: Ariel, 2000.

FULLOLA, J.M.; NADAL, J.; DAURA, J.; OMS, X. *Introducción a la Prehistoria. La evolución de la cultura humana*. Barcelona: Ed. UOC, 2020.

HISTORIA ANTIGUA

ENGUIX, ROSA. *El antiguo Egipto*. Barcelona: Anaya, 1989.

GARCÍA, M.C.; SANTACANA, J. *El cercano oriente. Los sumerios*. Barcelona: Anaya, 1998.

ROLDÁN, J.M.; BLAZQUEZ, J.M. *Historia de Roma. Tomo I. La república romana.* Madrid: Cátedra, 1995.

ROLDÁN, J.M.; BLAZQUEZ, J.M. *Historia de Roma. Tomo II. El imperio romano.* Madrid: Cátedra, 1995.

RUZÉ, F.; AMOURETTI, M.C. *El mundo griego antiguo.* Madrid: Akal, 1978.

VV.AA. *La antigua Grecia. Historia política, social y cultural.* Barcelona: Editorial Crítica, 2002.

EDAD MEDIA

PIRENNE, H. *Las ciudades de la Edad Media.* Madrid: Alianza Editorial, 1972.

Incas: https://historia.nationalgeographic.com.es/a/imperio-incas_18661

Mayas: https://www.nationalgeographic.es/historia/quienes-fueron-los-mayas

VV.AA. *Historia de la Edad Media.* Barcelona: Ariel Historia, 1992.

https://juanjoromero.es/el-feudalismo-en-europa_/

https://historia.nationalgeographic.com.es/temas/mayas

EDAD MODERNA

MOLAS RIBALTA, P.; ESCARTÍN SÁNCHEZ, E.; SÁNCHEZ MARCOS, F.; GUAL, V.; MARTÍNEZ, M. A. *Manual de historia moderna.* Barcelona: Ed. Ariel, 1993.

https://www.profesorfrancisco.es/2012/11/edad-moderna.html

Juan Arana: https://dadun.unav.edu/ bitstream/10171/725/5/2.%20 LA%20REVOLUCI%C3%93N%20 CIENT%C3%8DFICA%20Y%20 LAS%20REVOLUCIONES%20 FILOS%C3%93FICAS%2C%20 JUAN%20ARANA.pdf

EDAD CONTEMPORÁNEA

FORTI, STEVEN. «¿La extrema derecha otra vez "de moda"? Metapolítica, redes internacionales y anclajes históricos.» *Nueva Sociedad*, nº. 310 (2023): 38-43.

FUENTES, J.F.; LA PARRA, E. *Historia universal del siglo XX. De la Primera Guerra Mundial al ataque de las Torres Gemelas*. Madrid: Ed. Síntesis, Letras universitarias, 2008.

VEIGA, FRANCISCO. *El desequilibrio como orden: una historia de la posguerra fría, 1990-2008*. Madrid: Alianza Editorial, 2015.

VV.AA. *Introducción a la edad contemporánea*. Barcelona: Ed. Columna, 1995.

https://www.nationalgeographic.es/ historia/que-fue-la-guerra-fria

https://www.bde.es/f/webbde/ SES/Secciones/Publicaciones/ PublicacionesSeriadas/ DocumentosOcasionales/11/Fich/ do1101.pdf

**IMÁGENES VINCULADAS
A LAS PÁGINAS WEB
DE DISTINTOS MUSEOS**